U0909366

# 写给老板的税务课

李非凡 —— 著

浙江人民出版社

**图书在版编目（CIP）数据**

写给老板的税务课 / 李非凡著. — 杭州 : 浙江人民出版社，2021.9

ISBN 978-7-213-10266-0

Ⅰ. ①写… Ⅱ. ①李… Ⅲ. ①企业管理—税收管理—中国 Ⅳ. ①F812.423

中国版本图书馆CIP数据核字（2021）第164290号

**写给老板的税务课**

李非凡　著

出版发行：浙江人民出版社（杭州市体育场路 347 号　邮编：310006）
市场部电话：（0571）85061682　85176516
责任编辑：方　程　何英娇
营销编辑：陈雯怡　陈芊如　赵　娜
责任校对：杨　帆
责任印务：刘彭年
封面设计：智点江山（北京）文化有限公司
电脑制版：济南唐尧文化传播有限公司
印　　刷：杭州丰源印刷有限公司
开　　本：670 毫米 ×960 毫米　1/16　　印　　张：18.5
字　　数：240 千字　　插　　页：1
版　　次：2021 年 9 月第 1 版　　印　　次：2021 年 9 月第 1 次印刷
书　　号：ISBN 978-7-213-10266-0
定　　价：78.00 元

# 目　录

# 第一章
# 无税不经营

# 纳税是企业实力和信誉的重要标志

## 纳税是法定义务

依法纳税是每个公民的法定义务。税收是我们为文明社会提供的支持。税收的作用具体表现为：能够体现公平税负，促进平等竞争；调节经济总量，保持经济稳定；体现产业政策，促进结构调整；合理调节分配，促进共同富裕；维护国家权益，促进对外开放等。符合《中华人民共和国税法》规定条件的纳税人应该依法缴纳税款。

为什么要纳税？纳税义务是企业的法定义务，税法怎么定的，就该怎么纳税，完全是依法办事。是否纳税，怎么纳税，纳多少税，取决于税法的规定。这一思想，在税法理论上被称为“纳税法定”，企业老板必须具备纳税法定的意识。如果从通俗的角度来理解，可以认为，凡是规定要纳税的，就必须纳税；凡没有规定要纳税的，就可以不纳税。

在现代经济中，每家企业都不是孤立的。资金的进出往来，你没有账目，不等于别人没有账目，你偷漏税款，最后还是会查到你；同样，如果你账目不清，多纳了糊涂税，那受损失的一定是你自己。做小五金生意的刘老板的生意红火，租了四个店面。刘老板的店面每天的现金流水很多，但在不知不觉中，他对资金的进出开始疏于管理，对于纳税更是随意为之，渐渐成了一笔糊涂账。但供货方是正规厂商，因此，税务部门稽查时发现，刘老板的应纳税额和实际纳税额远不相符。经过调查取证，税务部门找上门了，在证据面前，刘老板不仅补缴了应缴的税款，还缴了一笔不菲的罚金。因为是初犯，没有涉及刑事处分，但这对刘老板的教训已经够深刻了。

西方有种说法：人生有两件事是不可避免的，一是纳税，二是死亡。在西方国家民众的心目中，依法纳税是人生中不可避免的。“逃税是对社会最大的盗窃。”阿根廷这句包含道德谴责的税收广告词，使其国民普遍接受了自觉纳税的观念，把逃税当成人生的耻辱。可以说，不懂税务的老板，迟早会被税务局请去“喝茶”。

### 老板纳税意识“X光”

随着我国市场经济的发展和改革的深入，企业老板的纳税意识也在不断增强，随之而来的，则是税收成为企业成本的重要组成部分。但不可否认的是，在现代企业和互联网经济发展迅速的今天，仍有相当一部分老板的纳税意识相当薄弱，主要表现在企业偷逃税、出口骗税、欠税、滥用税收优惠政策等方面。比如，一位亿万富翁在被问到一年缴纳多少个人所得税时，笑答：“那倒不多，我月薪1万元，缴不了多少。”一位房地产老板建了多个珍宝古玩馆，馆藏的象牙、字画、古董瓷器等艺术品都以企业名义购买来冲抵企业经营成本，这些东西先在他的办公室里摆几天，以证明是企业的资产，然后就放到他的古玩馆了。

如今，经过多年的税制改革，企业家的纳税观念已逐渐树立。很多老板认识到，自己的企业必须向国家缴纳税金，要把照章纳税当作企业的首要责任。

在此过程中，存在着一种现象让人困惑，即老板的意识和行为之间存在着不一致，或者说存在着一定距离。原因在于，在利益和观念的冲突中，利益动机往往占了上风。造成企业偷税漏税的原因通常表现在四个方面，即税收征管不严、追求自身利益最大化、对税负有意见、纳税意识薄弱。但只要是偷税漏税，那肯定与纳税意识不强有关。

而从理论上来看，影响纳税行为的因素除了取决于企业老板的纳税意识，还取决于税法制度是否完善、税收政策是否科学等因素。一些企业老板的纳税行为与纳税意识不一致，源自其对税收制度的看法。一些老板感觉国家以不公平的政策对待企业，自己的企业很少享受国家的优惠政策和贷款便利，在税率上也曾受到歧视等；有的民营企业老板认为，自己不能与国有企业一样承担相同的税负，或者因为其他企业偷税漏税，造成了竞争条件的不平等，因而自己不得已才偷税漏税。因此，从税收部门角度来说，要增强国家的税收效率，不仅要提高企业老板的纳税意识，还要为企业创造公平的生存和竞争环境，加强税收征管的严肃性。

## “税改”带来的管理效应

自从 2016 年“营改增”“金税三期”系统全面上线后，我国税制改革得到了长足的发展。近年来，国家又出台和实施了越来越多的税制改革政策，包括新能源汽车税、企业所得税、增值税等方面的税种。比如，将省级及省级以下的国税和地税合并，将制造业的增值税率降至 13%，将企业为员工缴纳的五险交由税务机关收取等，不断推动减税降负的实施。相应地，企业也在遵纪守法经营的基础上，以依法纳税为准则，制定相应的应对举措，节省税收支出，提高企业的经济效益。

对企业来说，新税改政策有助于推动税收制度简化合并，优化营商环境，更加便民，从总体上减少了企业的商品总价，进而减少了企业的采购支出，显著减轻了企业的税收负担，扩大了企业对商品的需求。新税改政策有利于推动新能源、生物医药、先进制造等战略新兴产业的发展，推动供给侧改革，同时也有利于小微企业的生存和发展。由于小微企业的年应纳所得税上限被拔高，使得众多小微企业能享受到减半征收企业所得税的利好政策，大幅度减轻了小微企业的税负，促进了其营运现金流的提升。小微企业拥有更大范围的“选择权”，能够按照目前的情况较为灵活地选择可享受的纳税待遇，有利于进一步降低其税负。

新税改政策也带来了企业税务管理的变革效应。传统的税务核算和税务申报等工作已经无法满足企业的涉税业务需求。“金税三期”的上线运行，也迫使企业将税务管理的重心从纳税申报转向纳税筹划和税务风险防控上。具体做法如下：

1. 加强员工薪资筹划工作。2019 年，个税的变革让中低收入人群的税务有了不同程度的下降，更好地体现了社会公平性原则，有效地调节了高低收入人群的差距。同时，它也给企业薪酬结构、用工模式、税务管理带来了颠覆性变革。企业管理者需要密切关注个税改革对不同职级员工的影响，结合企业用工的形式和薪酬管理开展薪资纳税筹划工作，合理规划员工薪酬。

2. 合理开展企业涉税业务筹划工作。新税改的实施，要求企业不仅要关注增值税新政，认真梳理各项采购计划、工程承包和服务合同，合理、合规、合法地进行业务规划，遵照《企业会计准则》和税务政策要求规范会计核算，保证签订的合同与企业的账务处理相匹配，提升企业纳税的遵从度。

3. 加强老板的财税知识学习。一系列税改政策的颁布，要求企业老板与时俱进，及时掌握和理解税务政策，关注税收申报实操流程变化，分析税改对企业成本和利润的影响。企业老板要掌握各种业务技能，并结合实际，引领企业通过合法渠道创造价值。

4. 加强老板的税收策划意识。很多老板的税收筹划意识淡薄，不能结合企业实际情况帮助企业制定纳税筹划方案，导致企业存在税务风险隐患。企业老板必须提高税收策划意识，提前做好税务安排，帮助企业实现经济效益最大化。

5. 提高老板的对外协调和沟通能力。尽管新税改后企业的税务办事效率有了显著提升，但企业老板依然需要与税务机关保持良好的沟通，以便及时了解税收政策变化情况，积极配合税务机关完成税务稽查任务，树立企业良好的纳税人形象。

总之，老板应该积极关注新税改变化，重塑企业税务管理，努力培养企业税务人才，建立企业税务管理管控体系，增强税收风险防范意识，结合自身经营特点开展税收筹划工作，以降低企业的经营成本和税收风险，使企业经营进一步规范化。

## 纳税信用是企业的金名片

人无信不立，业无信不兴。随着社会信用体系的日臻完善，纳税信用成为企业在发展道路上不可或缺的“通行证”。

纳税信用是对纳税人履行纳税义务能力的一种社会评价，是纳税人在特定时间内所做的缴纳税款的承诺，是由于缴纳税款时间和纳税人享用公共品的时间不同步、存在时间差所形成的，反映了纳税人的诚信纳税动机。纳税信用是衡量企业信用的重要指标。优质的纳税信用日益成为企业长远发展的金名片。

《国家税务总局关于纳税信用管理有关事项的公告》（国家税务总局公告 2020 年第 15 号）已于 2020 年 11 月 11 日正式实施。纳税信用管理发生了一些新变化。

变化一：准许非独立核算分支机构参与纳税信用评价。过去，非独立分支机构不能参与纳税信用评价。自 2020 年 11 月 11 日起，非独立核算分支机构可自愿参与纳税信用评价。有了良好的纳税信用评级，企业将会享受到更多利好。

这里所说的非独立核算分支机构，是指由企业纳税人设立，已在税务机构完成登记信息确认，且核算方式为非独立核算的分支机构。

变化二：调整纳税信用评价计分方法中的起评分规则。过去，必须评价本年度内存在非常性指标信息的，才能从100分起评。新规实施后，100分起评的条件得以放宽，自开展2020年度评价时起，近三个评价年度内存在非经常性指标信息的，从100分起评，近三个评价年度内没有非经常性指标信息的，从90分起评。

变化三：调整税务机关对D级纳税人采取的信用管理措施。此前，上一评价年度为D级的企业，本评价年度保留D级评价，次年不得评为A级。新规实施后，自开展2019年度评价时起，对于因评价指标得分被评为D级的纳税人，次年由直接保留D级评价调整为评价时加扣11分；对于因直接判级评为D级的纳税人，维持D级评价两年，第三年纳税信用不得被评价为A级。

变化四：引入纳税信用指标评价情况复核机制。新规实施后，纳税人对指标评价情况有异议的，可在评价年度次年3月份填写《纳税信用复评（核）申请表》，向主管税务机关提出复核，主管税务机关在开展年度评价时审核调整，并随评价结果向纳税人提供复核情况的自我查询服务。

实践证明，良好的纳税信用是经营者优质的无形资产。它如同金字招牌，让企业享受到了诚信纳税的红利。拥有良好纳税信用的纳税人往往更容易得到消费者的信任和青睐。

# 为什么创业者容易失败

## ◎ 税负拉了企业利润最大化的后腿

企业纳税行为的目标是为了实现税后利润的最大化。企业纳税行为的本质是一种理财行为，因而必然符合理财行为的目标。上市公司的理财目标是股东财富的最大化，对非上市公司来说，多以企业价值最大化为目标。但所有的理财目标中都含有税后利润最大化的因素。无论企业追求的财务目标是什么，各个企业理财的基础性目标都是实现税后利润最大化。

税后利润最大化是企业众多理财目标的浓缩结果。税后利润最大化不仅有利于股东财富的最大化，也有利于提升企业价值。企业价值是在考虑时间价值和风险与报酬关系的基础上，企业未来一定时期内的税后利润或者现金流量按照一定标准贴现后的现在价值。分析税后利润的实现过程，就可以发现税收在其中的影响。

企业要达到税后利润最大化，须考虑税收的影响。只有税负降低，企业税后利润才能较大。企业要降低税负，就要利用“息税前利润 = 销售数量 ×（单价 – 单位变动成本）– 固定成本总额”的关系，通过降低息税前利润的办法来减少纳税基数。也可以利用“税后利润 = 息税前利润 – 利息 – 所得税 =（息税前利润 – 利息）×（1–所得税税率）”的关系选择低税率地区，并在考虑债务利息抵税效应因素的基础上，通过安排资本结构达到增加税后利润、提升企业价值的目标。

企业需要减少或消除税收对企业价值和众多利益相关者的影响，并借助企业的融资政策、投资政策、营运管理政策和股利分配政策实现降低税负的目标。税收作为企业价值实现的外生变量，是影响企业价值的重要因素。只有在税负为零或税负较低的时候，其对企业价值的影响才会减弱。否则，降低税负，实现税后利润的最大化，就是企业纳税行为的目标。

### 高税负是压垮企业的最后一根稻草

企业经营不善，乃至最后难以存活，其原因众多。例如，经营不善、产销不对路、老板的管理能力难以提高、企业结构冗杂等。然而，很多人没有想到的是，税负也是企业不可忽视的压力之一。例如，企业增值税的税率为5%~13%，企业所得税的税率为5%~25%，个人所得税的税率为0~45%，企业扣除进项、成本后，综合税负接近企业实际利润的20%。这无疑是企业背负的沉重负担。就连利税大户烟草业，也曾因为税负而进行了调价，使烟草价格大涨。较高的税负会给社会经济等方面造成不同程度的影响。

繁重的税负压力悄然成为企业的一种负担。高税负压力意味着企业经济效益的降低。也就是说，如果国家总收入的很大一部分来自税收，那么会给经济发展带来一系列问题。最主要的问题是，价格体制越来越难以发挥信息传递者的作用。在市场对一些商品和服务的估价与对创造商品和服务的个人予以补偿之间，税收如同一个“楔子”，它影响着经济中的奖励制度，这一制度是促进经济增长的重要因素。如果税收楔子过大，它会破坏以奖励制度促进经济增长的可能性，并损害价格制度有效地分配资源。

高税率意味着纳税后的工资大大低于纳税前的工资，在这种情况下，边际税率对收入增长部分的纳税具有特殊的意义。高边际税率使得个人即便加班加点劳动也得不到很多经济上的好处。此外，如果较高的收入会使一些补助减少，那么这种效应还会增强。

高税率也会导致社会经济中的“黑”部门在牺牲合法部门的基础上不断发展。高税收会使更多人在纳税上作弊，这将减少公共部门的收入。此外，从长远来看，作弊行为泛滥会导致社会风气涣散。在税负过重的前提下，一些企业为了降低成本费用、增加利润，抱着侥幸心理铤而走险，冒着触犯法律、遭受法律制裁的风险，选择寻找税收征管的漏洞，偷逃税款，以之作为企业赖以减少税负的非正规通道。因此，有人说，税负过重是企业偷逃税款的重要动因之一。

有不少企业感到税负过高，企业税负痛感较强。税收可能成为压垮企业的最后一根稻草。近几年，我国在实行减税降费方面做了大量的工作。但减税往往在不同经济主体间存在着较大的差异。具体的税负受到各种因素的影响，如较高的综合税费率、社会保险费压力、税制设计与企业利润最大化原则的背离，以及缴税程序严苛繁杂等。

企业偷逃税款的另一个原因就是错误的纳税筹划。企业财务人员因对税收法律法规的理解有误，对纳税进行错误筹划和实际操作，违反了税收政策，使企业陷入偷逃税款的境地。另一种情况就是，企业聘请的税务经理水平有限，纳税筹划方案是带引号的筹划方案，甚至出现税务经理教企业偷逃税款的现象。这种做法不但没有降低企业的纳税风险，反而增大了企业的财税风险。

要让企业感受到减税，最好的办法就是下调税率，这可以让减税政策更加明显。同时，企业老板不仅要懂税务、精通税务，还要能够经营税务。

## 老板是否“税”得香

企业在发展壮大的过程中，可能会遇到各种暗礁和地雷，企业老板必须谨慎应对。税务就是其中一颗地雷，如果踩上了，后果不堪设想。税务问题值得企业老板好好研究。很多知名的企业家因为在税务上出事，毁掉了一世英名；有的企业因为老板不懂税务，一夜之间所有资产全部归零。在这一点上，影视、娱乐圈里的明星们身上发生的教训尤其深刻。

企业老板懂税务，熟悉纳税筹划，采取科学税务战略，不仅可以帮助企业降低风险，还可以给企业的税务成本带来立竿见影节约。对老板来说，降低企业的税务稽查风险，通过“节流”，可以控制税务支出，提升企业效益。

很多老板在税务管理上存在误区，例如，认为财税知识很专业，自己搞不懂，所以企业的税务通常全权由财务负责人一手包办，这实际上是不对的。老板要搞好税务管理，首先自己必须在观念上高度重视，然后从企业战略管理的高度入手，深入到企业经营管理的各个层面。

当然，企业老板都希望少缴一点税，多给企业增加一些利润。但税缴少了，违反税法，税务部门就会找上门来；税缴多了，利润少了，甚至亏损，企业经营就会有麻烦。很多老板关注税务却不懂税务，企业的会计懂税务，却只是纳税申报而已，无权进行纳税筹划。虽然国家在大力推进减税降费，并对税收违法犯罪行为进行严厉打击，却仍有不少企业因税务问题被稽查。例如，四川眉山某印刷公司在稽查时被发现其增值税税负仅为0.24%，而同行业的平均税负为3.8%，差距甚大。税务人员结合税负率畸低和成本列支异常两项，认为该企业存在多列成本的嫌疑。原来，企业会计在老板的授意下，通过虚假交易的方法，从第三方取得增值税专用发票列支成本61.8万元，抵扣税款10.5万元。最终，该企业被补征税款46.79

万元，缴纳滞纳金 2.6 万元，并被罚款 23.3 万元。本来想“避税”，没想到缴纳的税款更多，还降低了企业的信用等级，真是得不偿失。

这一切都是因为企业老板不懂税务造成的。老板不懂税务，而竞争对手懂，如此，企业就会处于劣势之中。诺贝尔经济学奖得主斯科尔斯研究指出，具有税务管理意识的老板，比没有税务管理意识的老板平均每年为企业创造的利润高出 38%，可见老板懂税务有多么重要。

## 老板不懂税，企业很难活得久

企业投资创业之路，充满艰辛与未知。其中的税务风险，尤其不为老板所左右。

老板日理万机，时刻惦念着“我的资产别出事儿”“得少缴点儿税啊”“不能被财务忽悠”“这种操作风险扛不扛得住”“必须干掉对手”……

让他从头学税法，他会说“我忙着呐”！

老板不懂税，企业多缴税，账上没有钱，企业当然生存不下去；企业少缴税，税务部门又找上门来了。因此，我们常见没有经验的创业者，在创业潮中摸爬滚打了两年，洗了个澡，最后却还是在“裸奔”，基本上企业存活都难超过 3 年。一旦创业失败，不但投资都打了水漂，可能还会负债累累。

创业也是一门有关道与术的学问，不光是有钱就可以的，还要有技术、有想法。单就纳税来讲，多少老板知道自己所在的行业需要缴纳哪些税？税率是多少？能享受哪些税收优惠？对于这些问题，大部分老板会冒出一句话：“这个要问我们财务，该缴纳多少就缴纳多少。”实际上，企业最后缴纳多少税老板并不知道。

同一个行业，同样规模的企业，有的企业如鱼得水，从来不需要考虑资金的问题，有的企业却时不时地担心缴税后账上就没钱了。做企业，缴纳的税费都不会太少，税费支出约占企业利润的20%~30%。按照规定，企业营运后，要交25%的企业所得税，17%的一般纳税人增值税或3%的小规模纳税人增值税、20%的个人所得税。

有的老板做了纳税筹划，有的没有做；做了的，资金一直有保证，发展基本上不会受到制约；没有做的，多缴税少缴税随心所欲，企业支出大，财务支出乱。哪个企业能存活得更久，一眼即明。

# 老板要有税商

## 老板的税务责任

老板具有法定的税务责任。企业纳税取决于经营，不同的经营模式，在实现时体现为对业务实质的不同把握，有不同的细节要求，涉及合同、协议、资金、交易主体等，再结合具体的税收政策，才能逐步明确不同的税负情况。

所以，老板不能简单地问："我们公司该缴多少税？""这笔生意该缴多少税""这次稽查被查到要补多少税？"这些问题都是无法回答的，因为它取决于具体的经营模式。

老板要切记，影响纳税后果的主要因素在于企业的经营者，而不是财务会计，经营者的举动对纳税的影响举足重轻。

企业税务管理中有一个规则：不论企业规模的大小，企业是国企还是民企，凡是经营者税务意识强的，企业的税务就轻，风险就小；反之，经营者税务意识弱的，企业的税务就重，风险就大。

经营者是企业税务安全与税务利益的第一责任者。以 20 世纪 80 年代，海尔集团的前身青岛电冰箱总厂厂长张瑞敏怒砸冰箱事件为例。当时的税收环境非常宽松，假如今天这一幕重演，会计可能会陷入迷茫："老板砸烂的冰箱，我该如何入账，如何缴税？怎么跟税务局交代？是否视同销售？是费用还是损失？是正常损失还是非正常损失？如何向税务局报损？"

经营者与财会人员的思维是截然不同的。老板在砸冰箱前不会跟会计商量："王会计，我今天准备砸冰箱，你从会计核算和纳税角度考量，认为应准备哪些事项？"

经营者、决策者既是解决纳税风险的根本动力，也是导致纳税风险的重要因素。经营者的税务责任必须认真肩负。为了这些责任，经营者必须回答一个问题——"你懂税务吗？"如果经营者对税务完全无知，就敢带领企业在税务的悬崖边奔驰，那么唯一依靠的就只有一条——听天由命了。

### 老板决定着企业的税收管理方向

企业如何在激烈的社会竞争中获胜，关键在于做好精细化管理，企业税收管理便是其中很关键的一环。

一位基层经理拿着一张去年的建筑营业税发票，要求财务部门挂账给分包方付款。这让会计很纠结：首先，这张建筑营业税发票是由分包方开出的，本应由分包方与总包方一起到施工地税务机关办理备案登记，然后实现一税两票。如今分包单独开出了发票，总包方就无法抵销这部分税，如果要向建设方开票，必须缴纳至少3.3% 的建筑业营业税及附加税款。其次，这张发票是上年年底应列入成本中的发票，按照《中华人民共和国企业所得税法》的相关规定，所得税汇算期后的前一年发票，不得在所得税汇算中作为成本扣除，这张发票将按其票面金额的 25% 缴纳企业所得税。

这位基层经理怎么会想到，一张时间不合适的成本发票将要增加 28.3% 的税负，甚至更高，这笔税款本是不该发生的。如果这张发票的票面金额为 1000 万元，这笔税款将直接抵减企业利润 283 万元，如果这只是一个一两千万元的小项目，这张发票将会直接导致这个项目稳赔不赚。

如果这位基层经理了解一点税务常识就会明白，总分包方结算开具发票时，需要到施工地备案，缴纳一笔税款可以开出两张发票，一张是分包方向总包方开具的发票，另一张是总包方向建设方开具的发票；过了当年的 5 月 31 日企业所得税汇算期，上一年的成本发票将不得在企业所得中扣除。估计这样的税务事件就不会发生。

从这个事例中我们可以得到一个警示：企业税收不只是财务部门的事，它与各方面都有紧密联系。

从老板的角度来说，企业税收管理决策要与企业高层管理决策高度一致。企业的发展方向决定着税收发展方向，如果企业要向西部发展，从事国家政策扶持的项目，那么税收的政策就可以延用国家有关西部开发和重点扶持的优惠政策；如果企业要从事高新技术的开发和应用，那么就可以申请高新技术企业，享受国家关于高新技术企业的税收优惠。

高新技术企业是在《国家重点支持的高新技术领域》内，持续进行研究开发与技术成果转化，形成企业核心自主知识产权，并以此为基础开展经营活动，在中国境内（不包括港、澳、台地区）注册一年以上的居民企业，它是知识密集、技术密集型的经济实体。国家规定，高新技术企业在企业所得税上享有 15% 的税率优惠。技术转让所得的收入有免征和减半征收两类：年所得不超过 500 万元的，免征企业所得税；年所得超过 500 万元部分，减半征收。在扣除项目和标准上，高新技术企业在固定资产、研发支出和职工教育经费上，都有一定的税收优惠政策。因此，企业老板决定着企业的税收管理的方向。

企业老板应当更加关注企业的税收管理，把其作为一项重要的否决条件纳入企业管理决策的考量中，这样才能更全面地做出适合企业持续发展的有效决策。

## 老板要有税务思维

企业老板不需要成为会计专家、税务专家、咨询专家，但必须具备起码的税务意识和税务思维。

税收的规则是与金钱和财富相关的重要规则。老板的税务思维时刻提醒自己，不要冒法律风险，缴自己该纳的税，享受自己该有的优惠。有的学者又将其称为税商。对此，有三点需要强调：

1. 要培养税收意识。如今，税务法制化正在快速发展，企业老板要合法、合规地对待税务问题。很多税务问题，是因为企业管理者不懂税务而造成的。有的老板认为，自己做的是外贸，开的是离岸账户，交易往来都是在境外完成的，在中国没有工厂，就不用缴税了；有的拥有一堆身份，以为能规避 CRS（税务信息交换系统），实际都是行不通的。

2. 对企业的财富积累过程要做到心中有数。比如，企业完税的事情做得怎么样，是否应对企业完税的历史做一个清理、自主补税，或通过税收优惠对企业的未来进行战略规划。

3. 在资产配置、海外投资前做好纳税筹划。事实证明，事后调整付出的代价更大，反而不如合理纳税来得长远。

进入大数据时代，企业老板至少应具备七种税务思维：

1. 税务安排是老板工程。税务绝非只是财务的事，应由业务来驱动财务和税务，所以需要进行顶层设计。仅仅是财务部门去做这些事是做不了的。老板是所有税务事务的第一责任人，财务经理只起配合作用。当老板成为第一责任人，他的思维模式就会发生改变，不但要讲收益，还要讲风险，不但要看眼前，还要看长远。

2. 追求精准纳税，反对合理避税。所谓的精准纳税，就是不该缴纳的一分钱也不缴，该缴纳的一分钱不少。为什么叫反对合理避税？因为避税这个词儿本身就不合理，所以我们不要提这个词。没有合理避税，只有精准纳税。

3. 落地执行是硬道理，详细策划是前提。既需要有很强的落地执行能力，还需要有专业的筹划能力，否则就像外科大夫做手术，即使有很好的工具，但是手术能力和诊断能力不行也没用。光靠工具不行，光有诊断能力而没有好的工具也不行。所以说，落地执行是硬道理，筹划能力是前提。

4. 老板们一定要防范习惯陷阱。最大的习惯陷阱有两个——私人人脉和内部亲信。税务管理需要对政策有专业的分析解读能力，一定要基于专业的判断来考虑问题。

5. 重视税务顾问。即花小钱治未病，治未病指的是在没有发病前就先行调理。

6. 要定期进行风险测评。可以请税务顾问定期进行风险测评，也可以利用一些智能工具进行风险测评，做到提前检测尽早处理。

7. 运用智能财税系统。选择合适的智能财税系统必须具备几个要点：系统要业财税一体化，不能只是财务的或只是税务的，要从业务入手回归业务，从源头上真正做到业财税数据一体化；系统后台要有专家支持协助，而不是仅仅利用一个简单的软件工具；系统必须要多角色协同，便于老板随时掌控企业经营数据，以便与第三方金融机构交互对接；风险检查功能强，需要支持风险测评，定期测评提前防范风险；自身数据验真功能强，把数据的颗粒度细化，交叉验证，尤其是中小企业未来要跟融资关联。如果能把这些系统用起来，把税务管好，把业务也管好，这就积累了一套完整的业务数据。有了这些数据，老板就可以去跟银行打交道，未来银行给企业的授信就会很高，因此中小企业一定要用上这些智能系统。

## ◌ 老板要构建系统性税务思维

老板要构建税务思维，这种税务思维还应该是一种系统性税务思维。

例如，某生产性企业在申请退税时，税务机关让其提供当地政府及财政的证明，以证明企业当年确实多缴纳了税款。原因在于，在“营改增”之前，企业响应政府的号召，提前缴纳了以后年度才能实现的税款，后来纳税义务履行完毕，企业一算账，已经缴纳的税款还有多余，于是向税务机关申请退税，因此税务机关才要其提供相关证明。

遇到这种事情，企业该怎么办呢？企业真的会去找政府开具这样的证明吗？政府机关会开具吗？申请退税为什么要提供政府机关的证明呢？不提供政府机关的证明就不能正常申请退税了吗？

企业老板要想搞清楚这些问题的答案，必须具备系统性的税务思维！

再举个例子，有企业老板咨询税务局的某官员关于PPP（政府方与社会资本方依法所进行的项目合作）项目的税务处理口径问题，税务工作人员告知其要去问业主方，这个政府付费属于什么性质，再确认如何缴纳增值税。

为什么要由业主方来确认政府付费的性质呢？业主方的观点可以成为税务机关执法的依据？政府付费是什么合同？当然属于政府采购的性质。拿什么作为付费的依据，在合同里也写得很清楚。但税收是法定的原则，怎能由“业主”决定呢？可这位老板还真把税务工作人员的鸡毛当成令箭，在坐等“业主”答复……如此，老板岂不就陷入了税务思维混乱的陷阱！

老板如果没有系统性的税务思维，就不能自如应对复杂的税务实践。那么，怎样构建系统性税务思维？

深厚的税法理论功底和丰富的税务实践，是形成系统性税务思维的保障！最起码的一条，就是要刻苦学习，储备一定的税法知识。学习不是光啃书本，而是要向有经验的人学习，尤其要向有经验的税务工作人员学习，向有经验的税务中介人员和同行有经验的人学习。老板要不断扩大自己的朋友圈，广交志同道合的朋友，学习、交流心得，提升自我。

知识还要付诸实践。知识储备有了，再加上不断的税务实践以及结合实践的深入思考和深刻总结，时日久了，就会在无形中搭建起系统性税务思维。这时，老板才能做到遇事不慌，不盲从和不偏听偏信，懂得质疑，在合法的税务框架下利用合理性的空间，并站在税务机关和税法的角度去思考企业的税务问题，懂得如何控制企业的税务风险以及如何进行纳税筹划。已经具备了系统性税务思维的老板，处理税务问题也就变得得心应手了。

当然，欲速则不达，构建系统性的税务思维并非一日之功，不可急于求成。尤其是在遇到复杂税务问题时，更要多方求证，切勿盲目自信、自讨苦吃。构建系统性税务思维与老板的自我提升是相辅相成的，企业老板不断自我提升的过程，也是控制企业税务风险、增加企业税收收益的过程。这是一个多赢的局面，何乐而不为呢！

### 税务思维的核心是“经营税务”

正确的税务思维、税务基本知识、税务基本技能等，都是老板应掌握的税务管理知识。那么，正确的税务思维的核心是什么？是“经营税务”的思想。

所谓经营税务，是以经营的眼光来看待税务，而不是仅仅将其视为某项无法回避的成本与麻烦。从经营税务的眼光看问题，才能看到经营中另一些曾被你无视的财富。

举个例子，某家四人合伙创建的公司，通过免费送睡衣活动，赚了7000万元。免费，免费，确实是免费。白送造就了新时代造富的传说。这是怎么运作的呢？

消费者可以得到免费的睡衣，但必须为此支付23元的运费。实际上，每件睡衣的运费是5元，而每件睡衣的成本是8元，给网站的推广返利是每件睡衣3元。于是，每送出一件睡衣，公司就赚了7元。借助于网站的推广，该公司共送出了1000万件睡衣。其利润为7000万元。这就是经营者心中的账本，这个账本代表的就是经营者的思维。

然而，在这里，有一个字似乎被漏掉了，即"税"。从中你甚至看不到该缴什么税，缴多少税，如何开具发票，什么情况下税负非常高，什么情况下会被冤枉罚款、征收滞纳金等信息。

这个案例告诉我们，企业可以不通过产品本身来赚钱，而通过运费分成来赚钱。这就是经营的思维。

有一家企业，当时进入了非常火热的某个行业，进行配套的研发和生产。企业老板投资了700万元，成立了一家子公司。没想到，企业刚成立，就遇到市场变故，市场行情从天堂跌入低谷，两年来亏损了800万元，资不抵债，扭亏和发展无望，老板决定注销子公司，以减少进一步的损失。他的一个精通税务的好友问他："这家子公司能值多少钱？注销后会有多大损失？"

这位老板说："都资不抵债了，能值什么钱？都是负资产了，应该早日摆脱掉。"

在这里，这位老板就没有税务上的考虑。这家子公司看起来负债100多万元（实际上大部分是欠母公司自己的）。但是，从税务角度上来看，800万元的亏损本身就是一笔货真价实的资产，它能用来抵掉200万元的企业所得税！实际上，这200万元的资产在《企业会计准则》上有一个专有的名称，叫作"递延所得税资产"。只有当这笔资产出现在会计报表上，老板能够预见到这笔资产在未来有足够的利润时，才能被确认为资产。如果亏损公司自身扭亏无望，未来没有足够的利润，按照《企业会计准则》的规定，财务不能将其确认为资产体现在会计报表上。

用税务思维来看，亏损也是有价值的。虽然亏损的价值需要进行专业的计算评估，并且有五年的“保质期”，因为税法规定只有不超过五年的亏损才能在盈利年度抵税，但的确算是一笔货真价实的财富。可见，这家资不抵债的公司，很有可能是有价值的，白白扔掉，非常可惜。在这位税务朋友的分析下，这位老板打消了注销子公司的念头，并开始请专业人员对母公司进行纳税筹划。

亏损在税务上的价值问题说明，企业老板的经营抉择决定了会计处理、税务结果以及资产的价值。一个成功的老板，绝不是逃避税务问题的人，而是通晓税务法则，知道不同经营模式下企业的税收情况，并制定经营决策，使得企业的经营情况在税收上达到最优的人。因为如果单纯依靠会计，往往不能找到合适的经营方法，毕竟会计缺少企业经营的思维，不能为企业做出决策。

因此，老板要想为企业争取更大的利益，就应对税收有所了解。本书将带你学习税务和企业税务的规划和管理，进而选择合适的经营模式进行企业经营。

## 老板要走出税务思维误区

企业老板的涉税意识决定了企业的税收风险和成本，因为涉税风险往往隐藏在企业的日常业务流程之中。要控制和防范企业的涉税风险，必须在杜绝老板的税务思维误区的基础上，搞清楚企业税收风险产生的根源和企业税收产生的环节，并及时采取控制措施。要化解企业的税收风险，唯一的途径就是从源头入手，从业务的操作上解决问题。因为税收贯穿于整个业务流程中，税不是通过账目做出来的，而是通过业务做出来的。所以，控制企业的税收成本和税收风险，一定要重点控制企业日常业务流程中的涉税风险。

企业老板普遍认为，如何向税务部门缴税是财务部门的事，自己只管做业务；财务部门是公司花钱的部门，销售才是赚钱的部门，只有完成了销售任务，公司才会有盈利，公司的税缴多了，是会计不会做账，水平太低；销售部门完成了销售任务要给予奖励，财务部门应该为企业进行税收筹划来节税，这是财务部门的本职工作，这些错误的涉税意识影响了企业的税收风险及成本。

其实，企业涉税风险问题和老板的经营和决策是分不开的，其根本原因是老板普遍缺乏正确的纳税意识，在企业运作管理中存在着一些涉税误区。如果不能杜绝这些涉税误区，将会给企业增加许多税收成本。

**误区一：通过与税收机关搞好关系就能解决企业的税务问题**

许多企业老板特别是一些大企业的老板都有一些社会关系和税务资源，他们在遇到棘手的涉税问题时，往往第一反应就是托关系、找路子解决问题。在现实中，有些问题的确是通过这种方式得以解决，但往往留有许多看不见的隐患，可能由于以后的人事变动或行使追溯权，最终付出“亡羊补牢”的沉重代价。

**误区二：企业的财务人员自己可以处理好涉税问题**

一些老板认为，凭企业自己的财务人员就完全能处理好涉税问题。随着国家税收征管力度的加强，企业发生涉税问题的概率在增加，一方面，税法的浩瀚、繁杂及内容的不断丰富，使企业财务人员很难及时、全面掌控税法，并及时、有效地调整企业的涉税问题；另一方面，企业老板忙于经营，不太熟悉财务知识并对其疏于管理，而财务人员往往片面追求税负最小化，主观上易于导致偷税漏税行为的发生。

在企业财务实践中，限于时间和精力，财务人员往往不能全面理解和把握税收政策，过高地要求他们创造性地运用税收政策进行合法纳税筹划，几乎是一种奢求。因此，当企业遇到棘手的涉税难题，借助中介机构或专家的智慧和力量规避风险，正确解决企业税务问题，可能是一种最为便利、最为节约的解决方式。

**误区三：请税务代理一定可以少缴税**

企业缴税的多少，即企业税负的高低，取决于国家税法规定以及企业自身的经营活动，企业纳税的多少并不取决于税务代理的税收资源及税企之间的关系融洽程度。但是，根据自身特点和实际生产经营活动，企业借助于税务代理的事前筹划、事中指导、事后减免等专业操作途径，可以合理降低企业税负，减少纳税成本，实现最大化的节税效益。

**误区四：企业自己就可以把握节税的机会**

企业的节税机会是多层面的、动态的过程，是与企业生产经营活动及国家税收法律法规的调整息息相关的。一般来说，企业都有节税的机会，但由于各种客观原因，企业财务人员很难抓住节税机会，并把机会转化为企业实实在在的节税效益。

国家对税收政策的调整对企业的节税是天赐良机，当然这需要企业财务人员能够实时关注国家税收法规，及时调整企业的涉税行为并及时申请减免。其实，节税是一种高难度的理财活动，它需要税收筹划人员具备法律、会计和税法的专业理论知识，此外还必须有较强的实践经验。基于此，企业的有关税收筹划方案的设计也需要有专业的财税顾问的加入才能做得更好。

# 第二章
# 老板税务入门课

# 企业要缴哪些税

## 增值税

增值税在我国整个税收体系中占主体税种地位。增值税是商品流通企业和制造业企业以及提供加工、维修、修配劳务等企业缴纳的基本税种，主要是对企业在生产过程中产品增值的部分征税。2016年5月1日，增值税全面取代营业税。

我国增值税纳税人分为两类，一类是小规模纳税人，一类是一般纳税人。小规模纳税人的主要判断标准是销售规模不大，不能建立规范的会计核算，因此小规模纳税人不能正确采用进项税额抵扣的方法来核算应交增值税。小规模纳税人采用简易计税方法缴纳增值税，征收率分别为3%和5%，并且进项税额不能抵扣销项税额。

一般纳税人的主要判断标准是年销售额较大，财务制度健全，有专职财会人员，能提供准确的会计核算资料，能正确核算企业进项税额和销项税额。

根据《财政部 税务总局 海关总署关于深化增值税改革有关政策的公告》规定，现行增值税政策要点主要有：

1. 增值税一般纳税人（以下称纳税人）发生增值税应税销售行为或者进口货物，原适用16%税率的，税率调整为13%；原适用10%税率的，税率调整为9%。

2. 纳税人购进农产品，原适用10%扣除率的，扣除率调整为9%。纳税人购进用于生产或者委托加工13%税率货物的农产品，按照10%的扣除率计算进项税额。

3. 原适用16%税率且出口退税率为16%的出口货物劳务，出口退税率调整为13%；原适用10%税率且出口退税率为10%的出口货物、跨境应税行为，出口退税率调整为9%。

4. 适用13%税率的境外旅客购物离境退税物品，退税率为11%；适用9%税率的境外旅客购物离境退税物品，退税率为8%。

2019年6月30日前，按调整前税率征收增值税的，执行调整前的退税率；按调整后税率征收增值税的，执行调整后的退税率。

退税率的执行时间，以退税物品增值税普通发票的开具日期为准。

为鼓励企业出口，纳税人出口货物，或跨境销售国务院规定范围内的服务、无形资产，税率为零。一般纳税人增值税进项税额可以抵扣销项税额。

增值税是对企业销售货物或提供服务、劳务征税，企业只要销售产品或提供劳务、服务，都应缴纳增值税。企业如果将产品用于职工福利，应当视同销售行为，同样需要缴纳增值税。

## 消费税

消费税是对我国境内从事生产、委托加工和进口应税消费品的单位和个人，就其销售额或销售数量，在特定环节征收的一种税。简单地说，消费税是对特定的消费品和消费行为征收的一种税。消费税是在对货物普遍征收增值税的基础上，选择少数消费品再征收的一个税种，主要是为了调节产品结构，引导消费方向，保证国家财政收入。消费税实行价内税，一般只在应税消费品的生产、委托加工和进口环节缴纳，在以后的批发、零售等环节，因为价款中已包含消费税，因此不用再缴纳消费税，税款最终由消费者承担。

根据税法的规定，消费税的征收范围包括烟、酒、高档化妆品、鞭炮、焰火、成品油，小汽车、摩托车、高尔夫球及球具、高档手表、游艇、木制一次性筷子、实木地板、电池、涂料等税目。

消费税作为一种价内税，无论在哪一环节征收，消费品售价中所含的消费税税款最终都要转嫁到消费者身上，由消费者负担，因此具有转嫁性。

## 企业所得税

企业所得税是对企业生产经营所得和其他所得征收的一种税。企业所得税不分企业性质，国有企业、集体企业、私营企业、外资企业、联营企业、股份制企业及有生产经营所得的其他组织都需缴纳企业所得税。

一般情况下，企业所得税的税率为25%。

企业所得税的基本特点是以企业所得额为课税对象。企业所得额是企业从事生产经营所取得的收入总额，减去各项成本、费用等开支后的余额。以所得额为课税对象体现量能负担的原则，所得多、负担能力强的多纳税，所得少、负担能力弱的少纳税，无所得、没有负担能力的不纳税。这不同于增值税、消费税、营业税等流转税，即使亏损也要缴税。

企业所得税的纳税人为法人企业。企业所得税的纳税人为除个人独资企业、合伙企业以外的所有企业、事业单位、社会团体以及其他取得收入的组织，并以法人为纳税主体，非法人企业由法人汇总纳税。以法人为纳税主体使法人所享有的权利和承担的义务对等，并有利于不同所有制形式的法人企业公平税负、平等竞争。

2008年，《中华人民共和国企业所得税法》实施，通过统一内外资企业所得税法、规范税基、降低税率、强化征管，从而建立起了新企业所得税。

## ◎个人所得税

个人所得税是对个人征收的税。个体工商户、个人独资企业、个人合伙企业的合伙人，也都是个人所得税的纳税人。他们属于无限责任公司的范畴，公司与个人连为一体，所以税法将其视为个人，征收个人所得税。

这些企业取得营业收入，扣除成本费用后，就形成利润。利润先分到个人的头上，独资企业就是投资人，合伙企业则按其出资比例分到每一个合伙人头上，再按个体工商户的个税计算方式，计算投资人和合伙人的个人所得税。

企业个人所得税涉及员工的工资、薪金所得，个体工商户的生产、经营所得，对企业、事业单位的承包经营、承租经营所得，劳务报酬所得，稿酬所得，特许权使用费所得，利息、股息、红利所得，财产租赁所得，财产转让所得，偶然所得，国务院财政部门确定征税的其他所得等。这里只介绍员工的工资、薪酬所得。工资、薪金所得是指个人因任职或者受雇而取得的工资、薪金、奖金、年终加薪、劳动分红、津贴、补贴，以及与任职或者受雇有关的其他所得。

## ◎特定目的税

特定目的税的种类包括城市维护建设税、耕地占用税、土地增值税三种税。这些税种是为了达到特定的目的，对特定的对象进行调节而设置的。

土地增值税是指转让国有土地使用权、地上的建筑物及其附着物并取得收入的单位和个人，以转让所取得的收入（包括货币收入、实物收入和其他收入）为计税依据向国家缴纳的一种税，不包括以继承、赠予方式无偿转让房地产的行为。

增值税费和消费税都是企业在销售商品或提供劳务、服务过程中产生的，因此被称为流转税。在这两种税的基础上，企业还需要缴纳附加税费——城市维护建设税和教育费附加税。

根据不同地方的具体规定，企业可能还需缴纳地方教育附加税等费用。

耕地占用税也是典型的调节性税种。占用耕地建房或者从事非农业生产要缴税，如果占用的是基本农田还要加征 50%。耕地占用税的免税范围限于两个领域，一是军事占用耕地，二是学校、幼儿园、养老院、医院占用耕地。占用耕地进行农业生产，如挖成池塘养鱼或者占用耕地建设农田水利设施都不缴税。

### 其他税种

除了上述企业应当承担的税种，企业还应承担的税负有房产税、印花税、城镇土地使用税、契税等。

房产税是对房产的所有者征收的税，当房产所有者的产权不清晰时，征收对象是房产的实际持有者或实际使用者。现行《房产税暂行条例》与最近几年热论的“房产税”并不是一回事。

现行房产税征税时，对于自用房产，按“原值”计算征税，不考虑房产涨价的因素。房产是以房屋形态表现的财产，违章建房、小产权房、活动板房甚至集装箱改成的房间，都属于应税房产；不能遮风避雨，如亭子、加油站的罩棚等都不属于房产。同理，封闭的车库、地下车库都属于房产。开放的车库不属于房产，但如果修了封闭的门，比如卷帘门，就算房产了。另外，独立于房屋之外的建筑物，如围墙、烟囱、水塔、变电塔、室外游泳池、玻璃暖房、砖瓦石灰窑等不属于房产。

自有房产的税率为 1.2%，按原值的 70%~90% 征税，是 70% 还是 90%，由各省、自治区、直辖市人民政府决定。

印花税是税率最低的税种，其征税对象是“凭证”，即合同、账本、凭证等，但不是所有的凭证都征税，仅适用于《印花税暂行条例》中列举的凭证。印花税的比例税率分为 0.5‰、0.3‰、0.05‰、1‰四档，适用于各类合同以及具有合同性质的凭证、产权转移书据、营业账簿中记载资金的账簿。财产租赁合同、仓储保管合同、财产保险合同的税率为 1‰；加工承揽合同、建设工程勘察设计合同、货运运输合同、产权转移书据的税率为 0.5‰；对记录资金的账簿，按“实收资本”和“资金公积”总额的 0.5‰贴花；购销合同、建筑安装工程承包合同、技术合同的税率为 0.3‰；借款合同的税率为 0.05‰；“股权转让书据”的税率为 1‰，包括 A 股和 B 股。

契税是在房屋、土地所有权转移过程中对承受所有权一方征收的税。单位和个人在办理房产证、土地证的过户手续时，必须先提供税务机关的契税完税凭证或免税证明。契税的税率是 3%~5%。对企业而言，契税主要存在于土地、房屋产权的变更及过户环节。

### ◎ 关税

关税是由海关代表国家按国家制定的关税政策和公布实施的税法及进出口税则，对准许进出境的货物和物品征收的一种流转税。关税是一种国家税收。关税的征税主体是国家，由海关代表国家向纳税义务人征收，其课税对象是进出境的货物和物品。关税的纳税义务人是指依法负有直接向国家缴纳关税义务的单位或个人，也被称为关税纳税人或关税纳税主体。关税是国家税收的重要组成部分，是国家保护国内经济、实施财政政策、调整产业结构、发展进出口贸易的重要手段。

按征税性质分类，可将关税分为：

1. 普通关税。又称一般关税，是对与本国没有签署贸易或经济互惠等友好协定的国家和地区按普遍税率征收的关税。普通关税和优惠税率的差别一般比较大。

2. 优惠关税。一般是互惠关税，既优惠协定的双方相互给对方优惠关税待遇，但也有单向优惠关税，即只对受惠国给予优惠待遇，而没有反向优惠。优惠关税一般有特定优惠关税、普遍优惠关税和最惠国待遇三种。

3. 差别关税。实际上是保护主义政策的产物，是为保护一国产业所采取的特别手段。差别关税最早产生并运用于欧洲，在重商主义全盛时代广为流行。直至近代，由于新重商主义的出现和贸易保护主义的抬头，差别关税再次出现，并得到进一步发展。

一般意义上的差别关税主要分为加重关税、反补贴关税、报复关税、反倾销关税等。

4. 进口税。我国进口税则设有最惠国税率、协定税率、特惠税率、普通税率、关税配额税率等税率形式。

最惠国税率适用原产于与我国共同适用最惠国待遇条款的世贸组织成员的进口货物，或原产于与我国签订含有相互给予最惠国待遇条款的双边贸易协定的国家或地区的进口货物，以及原产于我国境内的进口货物。

协定税率适用原产于与我国签订含有关税优惠条款的区域性贸易协定的国家或地区的进口货物。

特惠税率适用原产于与我国签订含有特殊关税优惠条款的贸易协定的国家或地区的进口货物。

普通税率适用原产于上述以外国家或地区的进口货物及原产地

不明的进口货物。

5. 出口关税税率。我国出口税则为一栏税率，即出口税率。国家仅对少数资源性产品及易于竞相杀价、盲目出口、需要规范出口顺序的半制成品征收出口关税。

现行税则对100余种商品计征出口关税，主要是鳗鱼苗、部分有色金属矿砂及其精矿、生锑、磷、氟钽酸钾、苯、山羊板皮、部分铁合金、钢铁废碎料、铜和铝原料及其制品、镍锭、锌锭、锑锭。但对上述范围内的部分商品实行0~25%的暂定税率，此外，根据需要对其他200多种商品征收暂定税率。与进口暂定税率一样，出口暂定税率优先适用于出口税则中规定的出口税率。

### 哪些企业可以减免税

减免税是国家对某些纳税人和征税对象给予鼓励和照顾的一种特殊规定。减税是从应征税额中减征部分税额，免税是免征纳税人全部应纳税款。这是国家为了实行某种政策，达到一定的政治经济目的而采取的措施，是税收的严肃性和必要性相结合的体现。国家制定减免税的原因是：

1. 由于纳税人、征税对象和税率是根据国民经济一般情况规定的，适应普遍性、一般性的要求，不适应个别的、特殊的要求。

2. 经济是不断发展变化的，税收制度在一定时期内却是相对稳定的，为了适应经济变化的特殊情况，有必要在税收制度中做出减免税的规定。

3. 个别纳税人可能在生产经营过程中遇到了事故，为了帮助这些纳税人克服暂时的困难，也需要在税收制度中事先做出减免税。减免税是一项政策性很强的工作，不仅直接表现为国家财政收入的减少，还关系到国家政治经济政策的贯彻，关系到纳税人税收负担的轻重，关系到税收调节经济作用的充分发挥。因此，国家必须在税收制度中依据减免的目的对减免税做出科学的、明确的规定。

减免的对象、减免的范围、减免的幅度、减免的审批权限以及减免的实施等，都要规定得清楚明了，以利于纳税人和税务机关依法执行。任何任意扩大减免税范围和擅自实行减免税的做法，都是违背税法的行为，应受到法律的制裁。

近年来，国家出台了“大众创业，万众创新”政策，鼓励创业。一些初创企业开始都是小微企业，为此国家出台了小微企业普惠性免税政策，如《关于延续小微企业增值税政策的通知》《关于支持小微企业融资有关税收政策的通知》，对月销售额三万元以下的增值税小规模纳税人免征增值税，并通过免去金融机构利息增值税、小微企业借款合同印花税来加大对小微企业的融资支持。

国家在半导体产业发展制定了优惠政策。2020 年 8 月，国务院发布《新时期促进集成电路产业和软件产业高质量发展的若干政策》，对整个半导体产业链的不同环节推出了相应的免税政策。最受关注的就是集成电路企业的减免政策，最高可获十年免税期。

农业生产者销售自产农产品免征增值税，免征蔬菜流通环节增值税，从事农、林、牧、渔业企业项目的所得，可以免征、减征企业所得税。

此外，企业的下列收入为免税收入：国债利息收入；符合条件的居民企业之间的股息、红利等权益性投资收益；在中国境内设立机构、场所的非居民企业从居民企业取得与该机构、场所有实际联系的股息、红利等权益性投资收益；符合条件的非营利组织的收入。

# 企业税务环境现状与优化

## 企业当下面临的税收环境

企业纳税过程涉及企业生产、经营、投资、筹资等各个环节，税务管理本质是针对每个涉税环节依据税法规定进行税务决策，并接受税务局检验的过程。税务决策的核心是选择合规、有利的税务结果，而税务结果反映了企业的税务能力。

卓越的税务管理包含三个层面：依法纳税，合规管理；事前筹划，降本增效；税收争议，有话语权。要实现卓越的税务管理，必须要有与之相匹配的税务能力。

税务能力实际上就是在企业税务环境下税务决策者的决策能力、支持税务决策者决策的专业支持能力、足以保证决策正确执行的决策执行能力。企业税务管理是一项技术性、政策性很强的工作，只有在遵循依法管理、服务于企业发展目标和经济原则的基础上恰当运用税务管理技术，才能给企业带来一定经济的效益。

税务环境是指影响或决定企业税务风险及其管理成效的各种外部因素的总和，主要包括体制环境、法制环境、道德环境、经济环境等内容。具体来说，税务环境包括税务法律、法规的健全程度，公民和企业法人的纳税意识，当前的社会经济状况，政府及各部门对税收的重视程度和配合情况，税负及当前税法执行情况等。

企业作为市场经济主体，只有及时分析了解内外部税收环境的变化，才能抓住机遇找到提升税务管理水平的抓手。

良好的税务环境对经济发展具有很大的促进作用，不仅能够对经济起到导向作用，还能够利用税收优惠政策来推动某个行业的发展。

政府在税务环境建设中做了大量工作。

1. 着力于建立税率较低，便于申报、征管的税制。一个便于申报、征管的税制，一方面节省了纳税人的时间、精力和金钱，另一方面也促进了税务工作效率的提高。政府推出的一系列减税降费政策，不仅提高了投资者的投资利润率，调动了本国、本地投资者的热情，还吸引了大量外国及其他地区资金、技术的进入。

2. 重视税务信息化建设，增强税务信息的对称性，充分利用网络技术，打造便利的税务环境。近几年，我国积极利用网络技术，实行纳税申报电子化，以节约时间，提高效率。大数据、人工智能、互联网经济与数字经济给企业税务工作带来了不同于以往的风险和机会。依托大数据和互联互通技术，中国税务机关的征管能力迅速走向世界前列。随着大数据分析能力和人工智能技术的不断发展，依托不断完善的“金税三期”系统，税务机关涉税指标比对、异常识别推送、纳税检查等能力获得了指数级飞跃，年年进行全面检查不再存在障碍。

3. 提供便捷、高效、优质、专业的纳税服务，注重打造良好的税务环境。国内税制变革频繁，国家税务总局认真落实各项简政减税降负措施，积极开展“营改增”、个人所得税等重大改革，扎实推进国税地税征管体制改革，加大税务系统简政放权力度，为促进“大众创业、万众创新”，推动实体经济转型升级和增强社会创造力营造良好税制环境。一方面，通过减轻民营企业的税收负担，降低企业所得税税负，加大财政性收费的减免力度，避免地方性的不合法收费，增强税收的透明度；另一方面，增加税收调节的灵活性，对大量吸收就业的民营企业给予一定的税收优惠政策。税务环境日益成为强化企业竞争力的关键因素。

4. 依法治税成为共识，并不断得到强化。税收立法权要最终收归立法机关，税收决策权也在不断上收。国地税合并后，税务机关的管理体制更加垂直于国家税务总局，具体征管之外的审批决策权越来越收归省级及以上税务机关。

## 企业税收环境需要重视的几个问题

从根本上来说，企业税收环境的制约因素较多，要确保各项税收活动取得成效，对企业产生积极的作用，需要特别重视关键性问题，有针对性地进行干预。这就需要相关主体要对企业税收环境进行全方位的分析，明确核心问题。

当下，企业税收环境应重视以下三个问题：

**一、税收公平问题**

公平公正是企业税收环境保持健康的内在动力，税收法律能否公正落实，决定着经济性质不同的纳税人是否能在相同的起跑线上公平竞争。近些年来，在企业税法环境中，我国税务机关逐步提升了风险防范和执法程序意识，但由于在不同程度上缺乏规范的税收执法程序，在简政放权的环境中，无论是企业纳税人，还是税务机关，对各自承担的职责都不明确。而且，各地拥有差异性的税收政策执行口径，对纳税人税收违法惩处不到位，从而影响了整体的税收公正。所以，在当下企业税收环境中，需要提高公平公正的意识，并通过科学的税法政策和执法手段来维护税收环境，促进企业健康发展。

**二、税收制度问题**

制度是企业税收环境的保障，也是规范企业税收行为的条件。“良法是善治前提”，科学的税收制度可以推动税收规定平稳落实，引导企业养成遵守法律的习惯，并降低税收遵从成本。我国目前存在的税种只有三个属于法律层次，其他仅以国务院条例形式颁布。

针对企业税收的很多规定多以零散的形式出现在国家税务总局和财政部的文件中，这导致企业相关的税收优惠项目无法规范实行。所以需要在企业税收环境中关注税收制度的完善和税种的法律保障。一方面，对企业税收规定进行优化和细化，确保企业多项涉税行为有确切的法律依据。另一方面，对缺乏合理性的税收优惠政策进行清理和规范，重点突出国家鼓励企业发展的税收优惠，使企业在税收环境中可以享受到真实的优惠。要让企业对各项税收制度建立明确预期，并做出相应、恰当的反应，则需要强化税法制定的前瞻性和确定性。

**三、税收负担**

对企业来言，税收负担是影响企业健康发展的重要因素，自我国推行“营改增”、结构性减税等改革策略后，小微企业等相关税收优惠得到了优化，在很大程度上降低了企业税负。然而，税收征管的强化和经济环境的严峻，使得当前税收环境下的税负水平给企业带来了很大压力。从整体税收环境来看，我国企业特别是民营企业面临着较重的税收负担，从而制约了企业持续、健康的发展。作为调节分配、调控经济的重要手段，税收对民营经济造成的负担必须要引起高度重视。税务部门需要进一步研究实用性强且具有针对性的税收帮扶方案和税收优惠政策，帮助纳税信用良好、生产经营困难的中小企业解决问题，以实现更好的发展。同时，要支持新业态、新产业发展，在监管过程包容审查，以加强新经济增长点的培育，引导更多的民营企业在合理的税收环境中做大做强。除此之外，为了助力企业开拓国际市场，深入落实“走出去”战略，需要健全并落实企业境外所得税综合抵免政策，以更好地为企业“走出去”减轻税收负担。

## ◎民营企业税收环境的优化

我国民营企业在发展过程中的税收环境还存在很多问题，税收征管现状不容乐观，偷税、漏税、逃税等问题还是很多，税务机关内部运行机制也不是很完善，对民营企业的监管工作也做得不到位。

从企业持续健康发展的角度来说，还需要特别重视税收环境中的税收负担、税收制度的运用及税收公平问题。

当前，尽管明显改善了民营企业的营商环境，但是在治理税收环境方面做得仍然不是很好。大力推进“放管服”改革，巩固税收制度的基础，才能进一步减轻民营企业的税收压力，优化其税收环境。

**一、要从政策上减轻企业税负**

“营改增”的全面开展，将企业原本按营业收入全额缴纳的营业税改为增值税，进项可以纳入抵扣范围，更有力地促进了产业分工的优化，拉长了产业链，推动了制造业的升级和服务业的发展。自2018年5月1日起，增值税税率从17%和11%分别降为16%和10%，进一步降低了企业税负。自2017年1月1日至2019年12月31日，将小微企业的年应纳税所得额上限由30万元提高至50万元，对年应纳税所得额低于50万元（含50万元）的小微企业，其所得额按50%计入应纳税所得额，按20%的税率缴纳企业所得税，这让更多的企业可以享受优惠税率。高科技企业可以加计扣除的研发费用范围进一步扩大，企业所得税还可以按照优惠税率纳税。这一系列的税收政策都直接降低了企业的成本负担，增强了企业的盈利能力和效益，旨在鼓励企业加大对固定资产、研究开发和高新技术的投入，扶持小微企业的初创发展。这些都将广泛地壮大企业科研团队，支持科研成果转化应用，引导企业大力创新，推动企业经济转型升级。

新时代，各类经济形式不断涌现，我们要从政策层面对税收抵扣项目、税率、税收优惠等方面进一步调整，以更大程度地减轻企业税负，持续扩大减税效应，释放出更大规模的减税降费红利，增强市场活力，激活社会创造力，以促进各类经济主体创业创新，实现经济更有质量的发展。

**二、为企业营造公平公正的税收环境**

公平公正是企业税收环境的基础条件，所以需要通过法律效力来实现。首先，要严格落实各项税收法律程序，从国家层面出发，对税收执法口径进行统一，确保针对企业的税收法律法规可以就此落实到位。同时对举报企业税收违法行为，且查实后的举报者给予较高的奖励，借助外部监督力量维护税收环境的公平。其次，利用风险管理思维集中高风险事项和重点企业等有限征管资源，为守法纳税企业提供全方位且优质的税收服务。结合已经存在的税收联合惩戒机制，对违法失信的纳税人要给予相应的限制。最后，为了形成公正的税收执法环境，提升税收执法的规范性，要加强国地税部门的深度合作，促使企业能够从根本上遵守税收法律。

**三、优化落实税收优惠政策**

深化“放管服”政策，通过落实税收优惠政策，减轻企业的经济负担。同时，要建立权益保障和意见反馈制度，及时获取纳税人的意见并及时处理，更好地集民意、聚民心。此外，工作人员可以采取走访、调查的方式，深入到企业中，为企业解决实际的税务问题，同时宣传和讲解政府的税收优惠政策，帮助企业更好地增加效益，提升自身的发展空间。

**四、加强企业自身建设**

企业优化税收环境不仅要从外部因素考虑，还要加强企业的自身建设。为此，企业首先要加大引进人才成本的投入，以此保证企业的财务会计人员具备专业的税收业务能力和素养。其次，在管理层面上，企业对财务管理工作要不断优化完善，使企业在进行经济财务活动时对涉及税务方面的问题能够综合考虑到位。最后，民营企业还应该增加人才培训的机会，使财务会计人员能够随着税收制度的改革而提升自身处理税务的能力，从而减少企业在缴税过程中带来的纳税风险。

## 税收改革与企业发展

2020 年 12 月，“十四五”税改目标公布，其中包括：完善现代税收制度，健全地方税、直接税体系，优化税制结构，适当提高直接税比重，深化税收征管制度改革。这个目标定调了 2021—2025 年我国税收体制改革的主要方向。

多年来，税务部门为了让企业轻装上阵，出台了一系列减税减费措施。“十三五”期间，“营改增”、减税降费等各项税改政策取得了一系列成效，“税能力”赋能企业新发展，全国减税降费 7.6 万亿元。国家税务总局对全国 10 万户重点税源企业的监测显示，“十三五”以来，销售收入税费负担率累计下降 18.1%，企业的税费负担逐年减轻。

伴随税务机构改革向纵深推进，国税和地税合并，一系列减税降费措施加速落地，以及税收大数据、电子化的广泛应用，税务工作在激发市场主体方面发挥了积极作用，越来越多的企业从中受益。

高新技术企业和科技型企业也伴随着税改而逐步成长。尤其是 2020 年的新冠肺炎疫情期间，减税降费力度不减，国家推出的各项优惠政策，助力企业渡过难关。小微企业更是在各项税改政策的红包落地后，享受到了政策红利。这些税改优惠措施是减轻市场主体负担、激活市场活力的重要举措。企业老板要抓住机遇，掌握政策要点，切实从税务服务中有效规划企业纳税管理，从而获得减税红利。

但在一些企业老板的思想意识中，企业税务工作在某种程度上等同于政府关系维护，相当多的企业老板将企业的税务损失视为企业日常经营中无法避免的正常损耗，甚至有的老板对企业无谓多缴税的业务行为浑然不知。种种错误认识，使得部分企业的税务工作面临诸多痛点，付出了惨痛的代价。

当下，随着依法治税时代的来临，企业所面临的税务风险已转变为现实风险，税企关系的施展空间越来越小，依法管税的重要性日益凸显。当前，实体企业赚钱不易，获得超过5%净利润率的企业已属比较优秀的高技术企业。若出现税务事故，100万元不必要的税务损失将会使2000万元的合同成果化为乌有；反之，如果通过业务架构改造合法合规少缴税100万元，那就等于从激烈的市场上抢回一单2000万元的合同，因此，换个角度说，税务也是生产力，而且是最直接的生产力之一。

实践已经证明，企业对于税务工作的每项投入，都不是费用支出，而是企业投入产出比最高的投资之一。企业一旦建立直接挂钩工作成果的税务定职定薪等组织与激励机制，实现税务和业务的结合，那么税务部门就会成为一个巨大的价值创造部门。

良好的税务环境是企业成长的沃土，让企业扎根成长、做强做大。2021年，中国进入“十四五”开局之年，企业应根据税改带来的变化和挑战，做好充分的应对和准备。企业老板应转变旧有观念，让自己成为强大的“经营者与价值创造者”，做冲锋在企业经营管理一线的弄潮儿，立足于“传统税务”的“核算与管控”角色，强大于“用户税务”的“经营和造富”角色，开创企业价值创造的新高地。

# 第三章
# 企业的税收成本与税收管理

# 企业的税收成本

## ◎ 老板要明确税收成本的内涵

税收成本是当前许多企业在成本控制中很容易忽略的一个成本项目。随着国家对税收征管的加强和规范管理，税收成本在企业的总成本中的比重越来越大，这就要求企业要重视对税收成本的管理和控制。

企业要控制和降低成本，一定要考虑税收成本的控制和降低问题，因为控制税收成本是企业控制总成本的重要组成部分，控制税收成本是提升企业核心竞争力的主要手段，控制税收成本是增加企业现金流、增加企业利润的需要。由于国家的各项税收政策性法规具有刚性特征，企业必须毫无条件地遵守国家的税收法规，不能违背税收政策漏税、延期缴纳税收，必须在日常的经营过程中注意以下三类税收成本的控制方法：

1. 正确遵守国家的各项税收政策法规，加强企业税务管理。

2. 在适用税收政策时，要根据企业的实际情况，进行税务筹划，选择最优的纳税方案，使企业的纳税负担达到最轻。

3. 重视企业日常业务流程中的税收风险识别和控制。在控制和降低企业税收成本时，必须遵循三种降低企业税收成本的理念，即事前做好税务规划，事中控制业务流程中的涉税风险，事后控制账务处理和纳税申报的涉税风险。

税收成本分为税收实体成本和税收处罚成本，而税收实体成本主要分为流转税成本、所得税成本及财产税、其他税费成本。流转税成本主要指增值税、消费税、关税等成本。所得税成本分为企业所得税成本和个人所得税成本。财产税和其他税费成本主要是房产税、车船税、城镇土地使用税、资源税、印花税、五险一金、残保基金、防洪基金等成本。调研发现，不少企业的税收成本在企业总成本中所占的比例超过 50%。因此，控制税收成本是企业控制总成本的重要组成部分。

## 广义的税收成本与狭义的税收成本

企业税收成本是指企业在纳税过程中所发生的直接或间接的耗费。企业税收成本具有广义与狭义之分，狭义的企业税收成本仅指企业在生产经营过程中应当缴纳的各种税款之和；而广义的企业税收成本则包括税收负担以及与纳税相关的所有费用。

广义税收成本又分为显性税收成本和隐性税收成本两大类。

### 一、显性税收成本

显性税收成本是指企业在生产经营过程中，依照国家税收实体法的规定，向税务机关缴纳的各种税款的总额。依据目前的税收实体法体系，企业在所有的生产经营过程中涉及缴纳的税种包括增值税、消费税、营业税、关税、企业所得税、资源税、城镇土地使用税、土地增值税、耕地占用税、城市维护建设税、房产税、车船税、印花税、契税、车辆购置税、烟叶税及教育费附加税等。

显性税收成本的特点主要体现为负担的公平性和成本的重要性。负担的公平性源自税法的公平，公平原则是税收的最基本原则，依法纳税是所有纳税人义不容辞的义务。当然，科学的税制往往是横向公平与纵向公平相结合，在强调税法面前人人平等的前提下，依据纳税人的能力大小而承担不同的税负。成本的重要性是指企业的显性税收成本是税收成本的核心，占有绝对比重。另外，显性税收成本来自税法的刚性规定，企业只有遵从，应缴纳的各种税款是企业的资金流出，缴纳税款的同时没有任何回报。

## 二、隐性税收成本

隐性税收成本也可以称为间接税收成本，是指企业因为纳税行为而间接发生的所有相关费用或支出，主要包括税收风险成本、税收财务成本及税收服务成本。

1. 税收风险成本是指企业有意或无意违反税法及其法律法规而招致税务机关的处罚所发生的价值耗费，主要包括税收滞纳金、罚款或者罚金。由于税收风险成本完全是由于企业的主观故意或者过失原因而产生的，因此税收风险成本是企业自身过错造成的一项额外增加的成本。

2. 税收财务成本是指企业因缴纳各种税款而使资金流出企业的利息损失、机会成本等价值耗费，主要包括因纳税事宜而发生的利息损失、银行转账手续费以及缴纳税款资金的机会成本等。税收财务成本无法在账面上清晰地反映和核算，具有较强的隐蔽性。

3. 税收服务成本是指企业为了完成纳税事宜而产生的应缴纳税款之外的价值耗费，主要包括办理费用和代理费用。办理费用包括企业为办理纳税申报、上缴税款及其他涉税事项所发生的交通费、办公费，企业专门设立的税务工作部门及工作人员的费用，企业为接待税务机关的工作检查发生的接待费等。代理费用包括企业向税务中介机构进行税务咨询所发生的咨询费，委托注册税务师（注册会计师）代为办理纳税事宜所发生的服务费用，因纳税产生法律诉讼而发生的诉讼费、律师费，对员工进行税法知识培训所发生的培训费等。企业的税收服务成本具有不稳定性，会因为数额相对较小而不被重视，但是，企业完全可以对税收服务成本进行控制。

## 影响企业税收成本的因素

影响企业税收成本的因素既有来自企业外部的制度及环境因素，又有来自企业内部的自身因素。企业外部的制度及环境因素往往是刚性的，企业无法进行控制或者很难有效地控制，但是，来自企业内部的自身因素完全可以通过有效的控制措施进行规避。

### 一、影响企业税收成本的外部因素

影响企业税收成本的外部因素主要涉及经济发展状况、税收法律法规以及税收的征管水平。经济发展状况往往与政府的宏观调控密切联系，而税收政策则是政府宏观调控常用的手段，因此，税收政策的调整将直接影响企业的税收成本。税收法律法规的影响主要表现为旧税法的废止、新税法的颁布、现行税法的变更调整等因素对企业税收成本的影响。例如，内外资企业所得税法合并，直接影响企业的显性税收成本。

此外，税务机关的征收管理水平也会对企业的税收成本产生一定的影响，征管水平高、征管手段先进、企业纳税便利会在一定程度上降低企业的隐性税收成本。

### 二、影响企业税收成本的内部因素

影响企业税收成本的内部因素主要与企业的经营战略、管理水平、员工素质、工作效率等相关，并且会随着企业经营战略或经营目标的改变而发生变化，同时也会受到企业内部控制的影响。如果一家企业有明确的经营战略和经营目标，并且具有较高的管理水平及完善的内部控制制度，就不会为了短期利益冒很大风险去偷逃税款，或者较少发生因过失或疏漏而产生税收滞纳金、罚款、罚金等税收风险成本。从制度的有效性出发，违法成本往往会大于违法所得，因此，冒险违反税法是下策。

另外，企业员工的素质和能力及其工作效率，也对税收财务成本及税收服务成本产生影响。如果企业办税工作人员的素质和能力足够高，就会主动进行税务筹划，采取对企业有利的纳税方案，充分利用资金的时间价值，大大降低税收财务成本。同时，如果办税员工的能力足以胜任所有的纳税工作，也不需要向中介机构购买相关服务，便可减少支出培训费、服务费、咨询费等税收服务成本。

## 企业税收成本对经营活动的影响

企业的税收成本对企业正常的生产经营活动具有重要影响，不仅表现在管理层的投资决策方面，更为重要的是，税收成本将直接影响企业的经营成果及经营业绩。

### 一、税收成本对管理层投资决策的影响

税收成本首先影响投资项目的投资成本，从而影响投资项目的投资收益。因此，在其他因素大致相同的情况下，税收政策尤其是税收优惠政策对企业管理层的投资决策往往起着决定性的作用。

由于我国的经济发展不平衡，很多税种有基于地域的优惠政策。在总体税负、生产条件等基本相同的情况下，企业进行投资决策时，可能从降低税收显性成本的角度出发，利用不同地区的税制差别或区域性的税收优惠政策，选择整体税收负担较轻的地区进行投资，从而获得更高的投资收益。同时，税收成本还将影响管理层对企业经营方向的选择。例如，国家为了鼓励高新技术产业的发展，对符合条件的高新技术企业，按减 15% 缴纳企业所得税。《中华人民共和国企业所得税法》中还有对农业、资源综合利用、环境保护、节能节水、安全生产等领域的专项优惠政策。从直接减少应纳税额的角度来说，这些措施极有可能促使企业管理层改变原来的投资和经营方向。另外，税收成本还将影响企业管理层对投资方式的选择。例如，企业所得税法就有对创业投资税收优惠的设计。

### 二、企业税收成本对经营成果的影响

企业的税收成本同其他成本费用项目一样，都与企业净利润成反比关系。在显性税收成本中，除了增值税、企业所得税，其他各税种的应纳税额基本上都可以在缴纳企业所得税时进行扣除，税收风险成本、财务成本及服务成本也可以通过管理费用等项目计入当期损益，从应税收入中进行扣除，从而产生一定的抵税效应。但是，这些项目最终是要减少企业税前会计利润的，会直接影响企业的经营成果和经营业绩。而企业所得税对经营成果的影响更为明显，因为净利润通常是衡量企业经营成果的重要指标或者首选指标，税前利润减去所得税费用即为净利润，因此，企业所得税的应纳税额是影响企业经营成果的非常重要而显著的因素。

## 优化企业税收成本的途径及措施

优化企业税收成本是指在税收法律法规允许的前提下，对生产经营活动中的纳税事项及纳税行为进行科学分析与全面筹划，选择税收成本最低的方案予以执行，以获取最大的税收利益，并最终实现企业的财务目标。企业进行税收成本优化，有利于企业资金和资源的优化配置，促使产业布局、产品结构更为合理，也有利于企业获得成本优势，并建立核心竞争力，最终有利于企业的长远发展。从短期来看，可以直接减轻企业的税收负担，降低成本，增加利润，实现短期的经营目标。通过充分利用资金的时间价值，盘活企业的资金流，进而通过生产或投资活动，获得投资收益，减少机会成本。从长期来看，有利于增强企业的纳税意识，普及税法知识，控制和降低隐性税收成本。通过科学合理的税务筹划和决策过程，企业将会逐渐规范其经营行为，做出正确的决策，从而促使企业精打细算、节约支出，进一步提高经营管理水平和经济效益，培养企业的战略

意识，增强企业竞争力。

**一、显性税收成本优化**

显性税收成本主要来源于税法的刚性规定，企业进行控制的余地并不大，企业要想降低显性税收成本，就必须主动进行税务筹划。税务筹划的前提条件是必须符合国家税收法律法规的规定，税务筹划的理念应当符合税收政策法规的导向，税务筹划必须在生产经营和投资决策行为之前做出，税务筹划的目标是使纳税人的税收利益最大化或者企业价值最大化。

通常情况下，税务筹划实现的两种手段是选择低税负方案或者延迟纳税时间。但是，对税务筹划最终目标的实现应该放在更高的层次上去认识，要具有战略眼光，可能有些税务筹划方案短期内使企业的税收成本不降反升，但从长期来看或者从整个投资项目的经营期来看，这样的税务筹划方案将能获得巨大的财务利益。

**二、隐性税收成本优化**

隐性税收成本主要来源于企业内部，大多在企业的控制范围之内，因此，企业可以通过适当的途径与措施进行优化，减少隐性税收成本的支出。

对于税收风险成本，企业一方面可以雇用高素质的专业人员负责办税事宜，并加强对员工的培训和教育；另一方面提高企业的管理水平，增强内部的监督和控制，培育良好的企业文化，规避因违反税法而产生的税收风险成本。

对于税收财务成本，应该在不违反税法的前提下，尽量采取迟延纳税的方法来避免利息的损失。同时，积极地加速资金流转，获取其他利益，从而规避缴纳税款而产生的机会成本。

对于税收服务成本，企业办税人员应该进行合理分工，提高工作效率，充分利用现代信息技术，减少重复无效的工作，降低资料费、办公费及交通费等项目的支出。另外，企业员工还应该及时主动地学习、掌握税法的变化，避免产生纠纷而发生诉讼费等；同时，也能减少咨询费、培训费等其他间接支出。

总而言之，优化税收成本，企业需要培养全员参与意识，不仅需要具备战略眼光，还要从细节入手，甚至可以将税收成本控制纳入预算管理范畴，使税收成本优化变成企业的竞争优势。

## 正确的税务处理方式可控制税收成本

税务处理是依法对企业经济业务发生过程中的各类成本和收入的纳税要求、纳税申报规定的总称。由于同一笔经济业务在会计和税法上的处理方式要么相同，要么不相同，即一笔经济业务在会计和税法的处理上，如果不存在会计和税法的差异，就不需要进行企业所得税的纳税调整；如果存在会计和税法上的差异，则需要根据税法的规定进行企业所得税的纳税调整，如未及时进行纳税调整，被税务主管部门查出，会被以多列支出（成本）或者隐瞒收入为由进行罚款和缴纳滞纳金，这无疑会增加企业的税收成本。因此，企业对本身日常发生的经济业务，依照税收法律的规定选择正确的税务处理方式进行纳税申报，可以避免不必要的税收处罚成本，规避多缴纳税收的风险。

### 一、依税法进行税务处理，避免税收处罚成本

税法对许多经济业务的税务处理进行了明确的规定，如果企业没有依照税法的规定进行正确的税务处理，今后就存在被税务稽查而补税和缴纳滞纳金的经济风险。因此，企业的税务管理部门一定要对本企业的所有业务适用的税收政策，包括税收优惠政策进行系统的梳理和收集。同时，企业税务管理部门应该建立和完善税法的收集和更新系统，及时汇编企业适用的税法并定时更新，这可以使企业避免因税收政策适用的不准确而产生的税收风险。

**二、依照税法选择税务处理方式，避免多缴税**

在税法规定的范围内，同一笔经济业务可以选择不同的税务处理方式时，企业应该对不同的税务处理方式进行权衡比较，选择对企业最有利的税务处理方式进行处理。因为不同的税务处理方式给企业带来的税收成本是不同的，所以企业在选择税务处理方式前，必须对不同的税务处理方式给企业产生的税务进行比较，从中选择税负最低的税务处理方式。

# 税务登记与账簿、凭证、发票的管理

## ◎税务登记

税务部门需要对企业的生产经营活动进行登记管理，这是企业作为纳税人履行纳税义务的法定程序，即纳税义务人在发生纳税活动之前，需要先到税务机关进行登记。它是税务的“户籍管理”，是企业税务活动的第一步。

通过税务登记，一方面便于税务机关全面及时地掌握纳税户数，准确掌握税源的分布情况，科学合理地配置征管力量，有效组织税收征收管理工作，减少税收流失，实施源头控制，防止漏征漏管；另一方面，可以明确税收征纳关系，增强纳税人依法纳税的观念和权利保护意识，维护国家利益和纳税人的合法权益。税务登记是征纳双方确立法律关系的证明，也是纳税人必须履行的法定义务。按规定，凡经工商行政管理部门批准，从事生产、经营的公司等纳税人，都必须自领营业执照之日起 30 日内向税务机关申报税务登记。

从事生产经营的公司等纳税人应在规定时间内，向税务机关提出申请办理税务登记的书面报告，如实填写税务登记表。税务机关对公司等纳税人的申请登记报告、税务登记表、工商营业执照及有关证件审核后予以登记，并发给税务登记证。税务机关发放的税务登记证是企业税务登记的依据，具有法律上的效力。

税务登记证是企业经营者向国家履行纳税义务的法律证明，企业经营者应妥善保管，并挂在经营场所明显易见处，亮证经营。税务登记证只限企业经营者自用，不得涂改、转借或转让，如果发生意外毁损或丢失，应及时向原核发税务机关报告，申请补发新证，经税务机关核实情况后，给予补发。

企业在开展其他相关活动时，也会用到税务登记证。按照《征收管理法》的规定，可能会用到税务登记证的经济活动有：开立银行基本账户；申请减税、免税、退税；申请办理延期申报、延期缴纳税款；领购发票；申请开具外出经营活动税收管理证明；办理停业、歇业；其他有关税务事项。

### ◎账簿的管理

账簿是指总账、明细账、日记账以及其他辅助性账簿，是全面、系统、连续记录各项经济业务的簿籍，是编制财务报表的依据。账簿的会计信息必须真实、准确、可靠、完整，才能如实反映出纳税人的纳税能力。账簿管理在税收征管中占有十分重要的地位。

从事生产、经营的纳税人应当自领取营业执照或者发生纳税义务之日起 15 日内，按照有关法律、行政法规和国务院财政、税务主管部门的规定设置账簿，根据合法、有效凭证记账，准确进行收入、成本、费用的核算。生产经营规模小又确无建账能力的纳税人，可以聘请经批准从事会计代理记账业务的专业机构或者经税务机关认可的财会人员代为建账和办理账务。

企业应当依法使用账簿、凭证，保证会计资料的完整性，不得伪造、变造或者擅自损毁账簿、记账凭证、完税凭证及其他有关资料；必须按照国务院财政、税务主管部门规定的保管期限保管账簿、记账凭证、完税凭证及其他有关资料。

除法律、行政法规另有规定外，账簿、会计凭证和报表、完税凭证及其他有关资料应保存十年。

## 发票的领购、开具与检查

每一家企业都必须与发票打交道，而与发票打交道，就会产生相应的成本、风险。发票是加强财务会计管理、记录企业经营活动的原始证明，也是税务稽查的重要依据，具有证明的作用，在一定条件下具有合同的性质。

纳税人在领取税务登记证后，应向主管税务机关提出领购发票申请，向主管税务机关领购发票。

发票是从事生产、经营的企事业单位和个人，以其在销售产品或提供应税劳务及从事其他经营活动时取得的应税收入为对象，向付款方开具的收款凭证。发票的种类繁多，主要是按行业特点和纳税人的生产经营项目，分为普通发票和增值税专用发票。

销售商品、提供服务以及从事其他经营活动的单位和个人，对外发生经营业务收取款项，收款方应当向付款方开具发票。所有单位和从事生产、经营活动的个人在购买商品、接受服务以及从事其他经营活动支付款项，都应当向收款方取得发票。取得发票时，不得要求变更品名和金额。不符合规定的发票，不得作为财务报销凭证，任何单位和个人有权拒收。任何单位不得有虚开发票行为：国家推广使用网络发票管理系统开具发票，具体管理办法由国务院税务主管部门制定。开具发票的单位应当建立发票使用登记制度，设置发票登记簿，并定期向主管税务机关报告发票使用情况。在办理变更或者注销税务登记的同时，办理发票和发票领购簿的变更、缴销手续。开具发票的单位和个人应当按照税务机关的规定存放和保管发票，不得擅自损毁。已经开具的发票存根联和发票登记簿，应当保存五年。保存期满，报经税务机关查验后销毁。禁止非法代开发票。

使用发票的单位必须接受税务机关依法检查，如实反映情况，提供有关资料，不得拒绝、隐瞒。

老板的工作虽然不是开发票、不是认证、不是入账的具体工作人员，但对于增值税专用发票在程序上的规定和由此带来的风险，必须做到心中有数，并培训业务人员。否则出了问题，多少都是企业净利润的损失。作为经营者，企业老板当然不会去做具体的发票管理工作，可以将有关发票的工作交给会计去做，但必须具备一些关于发票风险的知识，以便更好地领导、配合、监督会计的发票工作。

# 纳税申报、评估和核定

## 纳税申报

企业在税务登记完成以后，随着经济活动的开展，会不断地发生应纳税事项，这就需要向税务机关缴纳税款。缴纳税款时，需要遵循一定的程序，首要就是要进行纳税申报。

纳税申报是发生应税事项的纳税义务人或者代扣代缴人，向税务机关报告纳税事项的过程。纳税申报是《税收征收管理法》规定的一项法定程序。凡是已经办理税务登记的纳税义务人均应该进行纳税申报，均属于纳税申报的对象。

企业发生应纳税事项的，应按照规定的期限进行纳税申报，否则就要承担延期申报或之后申报带来的法律责任和惩罚。不同的税种，税法规定不同的纳税申报期限，企业财务人员必须了然于胸，并按照规定的期限，向税务机关进行申报。

按照《税收征收管理法实施细则》第三十二条的规定，纳税人在纳税期内没有应纳税款的，也应当按照规定办理纳税申报。纳税人享受减税、免税待遇的，在减税、免税期间应当按照规定办理纳税申报。

因此，企业没有税费可缴时，也需要进行纳税申报，此时要做的就是“零申报”。零申报是指企业在纳税申报的所属期内没有发生应税收入，但还是要进行纳税申报，只不过申报缴纳税款时数额为零。根据《税收征管法》和税法的相关规定，纳税人必须如实填写纳税申报表进行申报，即使收入较少，符合小微企业免征增值税的优惠政策，也要进行纳税申报，否则会给企业带来不必要的麻烦。

如果企业正在筹建期，自然处于亏损状态，但此时企业只对所得税一项进行零申报的做法也属于未如实申报，是违反相关规定的。所以，即使企业处于筹建期没有开票业务，每月也需要记账，这样才能生成数据，便于进行增值税和企业所得税的零申报工作。企业确实长期没有应税收入，自然会出现长期零申报的情况。但这种情况是有风险的，一旦主管税务机关发现企业长期零申报，就会核查企业的应税收入情况，当发现企业处于经营不善的状态时，就可能会联合其他相关部门劝说企业宣告破产。

## 纳税评估

纳税评估的目的在于帮助纳税人准确理解、掌握和运用税收政策，减少并解决因税法理解偏差而产生的涉税问题。税务机关对企业进行纳税评估，首先要掌握企业的基本经营情况、生产经营状况以及商品进、销、调、存等情况，这些都是第一手资料。税务评估人员在了解了企业的基本信息之后，再分析核查企业账务，根据评估相关指标对企业的财务数据和申报数据进行测算，根据评估结果发现存在的税务问题，并提出相应的处理意见，如发现异常，一般会要求企业自查补税或者移交税务稽查等。但纳税评估不可能发现纳税人存在的所有涉税问题。

税务管理部门可根据企业经营规模大小、财务制度健全与否、企业设立时间长短、纳税信用等级高低及所处不同行业等标准进行分类，区别不同情况，采取有针对性的管理方式，从而强化纳税评估对象的管理。

1. 对财务制度健全、设立时间长且经营规范、纳税信用等级高的企业，要着重加强企业所得税的日常管理，改善服务水平，掌握其生产经营和税源的变化情况。

2. 对少数经营规模大，但账证不健全、纳税信用等级低的企业，要实施重点管理，加强对其企业所得税纳税申报的评估和检查。

3. 对一些账证不健全、核算水平低或者无能力核算的中小企业，要督促其建账建制。同时，做好企业所得税核定征收工作，合理确定核定征收标准，保证核定征收的公平合理。

4. 对“长亏不倒”（连续三年以上亏损）的企业，要将其作为纳税评估和检查的重点对象，分析其亏损的真实原因，加强管理。

5. 对新设立的企业，要关注其所在行业和自身的生产经营情况，尽快掌握第一手资料，加强企业所得税政策的宣传辅导。

## 税款核定

税款核定是税务机关在依法征收税款的过程中，为保障国家财政收入的应收尽收，而对不能独立核算税款的纳税人，根据其生产经营能力等多方面因素，核定征收其应缴税款的管理活动，是加强征管、堵塞漏洞的税源管理措施之一。

企业老板应该十分清楚，税务机关进行核定征收，是建立在测算、评估的基础之上的，虽然在进行税款核定过程中，税务机关要进行大量的调查研究工作，从而掌握被核定对象生产经营的基本情况，以便尽可能地做到合理核定，但是，这种合理只能是相对合理。纳税人要想实现完全的合理征收，就应该自觉地建账建制，完善会计核算，正确核算应纳税款。但是，如果纳税人没有条件实现正确核算应纳税款，也就只能接受税务机关的核定征收了。

在以下六种情况下，税务机关有权核定企业的应纳税额：

1. 依照法律、行政法规规定可以不设置账簿的。

2. 依照法律、行政法规的规定应当设置但未设置账簿的。

3. 擅自销毁账簿或者拒不提供纳税资料的。

4. 虽设账簿，但账目混乱或者成本资料、收入凭证、费用凭证残缺不全的，难以查账的。

5. 发生纳税义务，未按照规定的期限办理纳税申报，经税务机关责令限期申报，逾期仍不申报的。

6. 纳税人申报的计税依据明显偏低，又无正当理由的。

# 税款的征收与退还

## 税款的征收方式

作为企业老板，注定要在税务的丛林中披荆斩棘，这既关系到利润，又关系到企业和个人的风险。税款征收是税收征收管理的核心内容，是税务登记、账簿票证管理、纳税申报等税务管理工作的目的和归宿。

在税款征收制度上，国家对纳税人的管理有张有弛，既允许纳税人申请延期纳税，又对纳税人不按期缴税做好准备实施纳税保全或强制执行。国家没有实行税款催缴制度，到缴纳期限结束之时，纳税人必须缴纳税款，否则加收罚款、滞纳金，必要时采取税收保全或税收强制措施。

在税款征收管理方式上，注重事前的监督与控制，选择按照纳税人的不同特征和经营性质的差别，制定不同的税款征收方式进行管理。税款征收一般采用查账征收、查定征收、查验征收、定期定额征收，以及税法允许的其他方式。

### 一、查账征收

查账征收是指税务部门按照纳税人提供的账表所反映的经营情况，依照适用税率计算缴纳税款的方式。这一征收方式普遍适用于财务核算制度健全的企业。由纳税人在规定期限内，用规定的纳税申报表向税务部门申报销售额、营业额或所得额，经税务部门审查核实后填写缴款书征缴入库。对从事生产经营的单位、个体户，相关的法律法规都要求其进行正确的会计核算。通过会计核算，可以算清企业的收入、支出、利润等情况，税务机关一般在企业会计核算资料的基础上，结合税收的差异性规定，判断企业纳税是否正确。在查账征收情况下，税务检查时，有两种情况会要求企业补税，一是认为企业账做得对，但税算错了，比如税率用错了，计算的基数用错了，没有视同销售等，此种情况属于漏税。二是认为企业的账做错了，当然，也可能是会计人员工作失误，导致税计算少了，此时可能会被定性为偷税。

**二、核定征收**

核定征收是税务机关对不能完整、准确提供纳税资料的纳税人，采用特定方法确定其应纳税收入或应纳税额，纳税人据以缴纳税款的一种征收方式。由于会计核算是一个专业性的工作，会计能否把企业经营情况核算清楚，是一件颇具挑战性的事。这个挑战性不仅是指企业有没有能力聘请一位合格的会计——合格会计的工资高，小企业可能请不起；还指企业老板不易区分合格的会计与不合格的会计。所以，有时企业的会计核算达不到要求，要么根本没有账，要么谁也看不明白账，或者谁也不相信账。此时，税务机关就只能进行“核定征收”了。核定征收具体包括：

1. 查定征收。指由税务机关根据纳税人的从业人员、生产设备、原材料消耗等因素，在正常生产经营条件下，对其生产的应税产品查实核定产量、销售额，并据以征收税款的一种方式。适用于生产规模较小、账册不健全、产品零星、税源分散的小型厂矿和作坊。

2. 查验征收。指税务机关对纳税人的应税商品，通过查验数量，按市场一般销售单价计算其销售收入并据以征税的方式。这一征收方式主要适用于城乡集贸市场的临时经营和机场、码头等场外经销商品的课税。

3. 定期定额征收。是指对一些营业额、所得额不能准确计算的小型工商户，经过自报评议，由税务部门核定一定经营时期的营业额和所得税附征率，实行多税种合并征收的一种征收方式。这一征收方式适用于没有记账能力、无法查实其应纳税收入或所得额的个体或小型工商户。实行定期定额缴纳税款的纳税人，可以实行简易申报、简并征期等申报纳税方式。定期定额征税办法虽然可以简化征收程序、降低征纳成本，但是随着税收现代化服务的不断推进，已大大简化了税收申报流程、降低了申报成本，这使得定期定额征收方式的优势逐步淡化。

4. 核定征收。对一些很难找到发票的企业来说，只要被核定的利润率不是高得企业难以承受，一般会极大地减轻纳税遵从成本和风险。核定征收在两种方式下确定，一种是一开始就决定进行核定征收，称为事前核定，一般是纳税人提供了不能正确核算的说明，由税务机关进行核定；另一种是事后核定，就是本身虽是查账征收，但因无法核算清楚，于是检查时只能采取核定征收的方式。如果企业没有做账，或者虽有账但核算不清，应该核定征收；但如果企业本身有账，却故意隐瞒不提供，就不是核算不清，而构成了隐匿账簿，属于偷税的一种手段。随着企业所得税管理的精细化、专业化发展，特别是随着税收征管信息化程度的不断提升，事先核定所带来的弊端以及隐藏的执法风险日益凸显，如造成企业所得税税款直接流失、企业所得税税基侵蚀，造成流转税流失、企业无法享受税收优惠政策等。因此，自 2021 年 1 月 1 日起，上海等地区已经停止新办核定征收，已经办好核定征收的企业，2021 年起全部改为查账征收。

**三、代扣代缴和代收代缴**

代扣代缴征收方式是指由税法规定负有代扣代缴义务的单位和个人，从其所持有的纳税人收入中，扣缴其应纳税款并向税务部门解缴的一种征收方式。税务部门按照规定付给扣缴义务人代扣、代收手续费。扣缴义务人依法履行代扣、代收税款义务时，纳税人不得拒绝；纳税人拒绝的，扣缴义务人应当及时报告税务部门处理。

代收代缴征收方式是指与纳税人有经济往来的单位和个人借助经济往来关系，向纳税人收取其应纳税款，并向税务部门解缴的征收方式。代扣代缴、代收代缴征收方式适用于税源零星分散、不易控管的纳税人。

**四、委托代征**

委托代征方式是指为了加强对零星分散税源的控管，方便纳税人缴税，按国家税法规定或由税务部门委托某些单位和个人征收税款。税务部门根据有利于税收控管和方便纳税的原则，可以按照国家有关规定委托有关单位和人员代征零星分散和异地缴纳的税收，并发给委托代征证书。受托单位和人员按照代征证书的要求，以税务部门的名义依法征收税款，纳税人不得拒绝；纳税人拒绝的，受托代征单位和人员应当及时报告税务部门。

**五、其他方式**

除上述之外，还有自核自缴等方式。自核自缴是指纳税人按照税务机关的要求，在规定的缴款期限内，根据其财务会计情况，依照税法规定，自行计算税款，自行填写纳税缴款书，自行向开户银行缴纳税款，税务机关对纳税单位进行定期或不定期检查的一种税款征收方式。

## 税款追征

税款追征是指税务机关对纳税人、扣缴义务人未缴或者少缴税款进行依法追缴入库的一项征管制度。税款追征期是指税务机关对纳税人、扣缴义务人，并非主观故意未缴或者少缴的税款予以追缴的有效期限。这类税款如已过追征期，不再追缴；如已经追缴，应予退还。在缴纳税款的过程中，纳税人、扣缴义务人由于各种各样的原因，短缴税款的情形时有发生。这部分税款本属国家财政收入，理所应当收归国家所有。然而在过去的征管法规中，都未明确规定追征期。也就是说，无论何种原因发生的未缴或者少缴的税款，一律无限期追征。这样做，不符合对蓄意偷税和无意短缴税款“区别对待”的原则，在实际工作中，也往往因为追溯过长而无法兑现。

## 税款退还

税款的退还有多缴税款的退还和出口退税两种。

**一、多缴税款的退还**

税务机关在办理税款退还时应注意：税款退还的前提是纳税人已经缴纳了超过应纳税额的税款。税款退还的范围包括技术差错和结算性质的退税。为加强对收入的管理，规定纳税人先按应纳税额如数缴纳入库，经核实后再从中退还应退的部分。退还的方式有税务机关发现后立即退还和纳税人发现后申请退还两种形式。

纳税人超过应纳税额缴纳的税款，税务部门发现后应当自发现之日起 10 日内办理退还手续。纳税人自结算缴纳税款之日起 3 年内发现的，可以向税务部门要求退还多缴的税款并加算银行同期存款利息，税务部门应当自接到纳税人退还申请之日起 30 日内查实并办理退还手续；涉及从国库中退库的，依照法律、行政法规中有关国库管理的规定退还。

当纳税人既有应退税款又有欠缴税款时，税务部门可以将应退税款和利息先抵扣欠缴税款；抵扣后有余额的，退还纳税人。加算银行同期存款利息的多缴税款退税，不包括依法预缴税款形成的结算退税、出口退税和各种减免退税。退税利息按照税务部门办理退税手续当天中国人民银行规定的活期存款利率计算。

**二、出口退税**

纳税人出口适用税率为零的货物，应在货物报关出口并在财务上做销售处理后，按月填报《出口货物退（免）税申报表》，并提供办理出口退税的有关凭证，先报外经贸主管部门稽查签章后，再报主管出口退税的税务机关申请退税。负责审核出口退税的税务机关在接到《企业退税申请表》等有关凭证资料后，经审核无误的，逐级报请负责出口退税审批的税务机关审查批准后，填写《收入退还书》，交当地银行（国库）办理退税手续。

### 三、先征后退

新税制实施后，对民政福利企业、校办工厂和外商投资企业享受的减、免税款，采取先按规定税率征税，再通过税款退库的形式返还给企业的征收办法。

### 四、结算汇算清缴退税

由于对所得税采取分期预征、年终汇算清缴的征收办法，预缴税款多征部分的退税，不汇算清缴退税，应按规定填制《收入退还书》并附税款结算资料，办理退库手续，由国库退还给纳税人。

# 第四章
# 企业老板的纳税战略管理

# 企业纳税战略的常用管理工具

## 盈利模式的界定

简单来说，盈利模式就是企业赚钱的渠道，通过怎样的模式和渠道来赚钱。盈利模式是企业在市场竞争中逐步形成的、企业特有的、赖以盈利的商务结构及其对应的业务结构。

企业的商务结构主要指企业外部所选择的交易对象、交易内容、交易规模、交易方式、交易渠道、交易环境、交易对手等商务内容及其时空结构。

企业的业务结构主要指满足商务结构需要的、在企业内部从事的、包括科研、采购、生产、储运、营销等业务内容及其时空结构。

商务结构反映的是企业内部资源整合的对象及其目的。业务结构反映的是企业内部资源的配置情况，业务结构直接反映的是企业资源配置的效率，商务结构直接反映的是企业资源配置的效益。两者最终决定了企业交易的本质和交易中的成本收益结构，从而影响到企业的税负。

## 关联交易安排

在股市中一谈到关联交易，投资者都十分警惕。通俗地讲，关联交易就是关联企业之间的交易，是企业在市场竞争中形成的一种运营模式。关联交易与关联企业已成为经济领域中的常用词语。尤其是上市公司，监管部门要求其必须披露所有的关联企业和关联交易。几乎在所有的上市公司披露的信息中都会出现关联企业和关联交易的身影。

关联企业能够给企业发展带来超乎寻常的利益，这些利益远大于设立关联企业所耗费的成本。要求上市公司披露关联交易和关联企业，主要是为了防止上市公司利用关联企业和关联交易损害股东利益。

利用关联交易实施纳税管理，是企业正常运营的合理需要。正常的、符合法律法规要求的关联交易对企业发展是有利的；不正当的、违背国家法律要求的关联交易将受到法律的约束和惩罚。通过关联交易，企业可能获得利益。问题的关键在于，什么样的关联交易是合法的、符合市场交易原则的，什么样的关联交易是违法的、不符合市场交易原则的，也就是如何把握“度”的问题。

## 现代企业管理模式选择

现代企业管理呈现出众多新的特点，根据自身企业的行业特征和管理特征，可以选择有差异的管理模式，借助这种管理模式调整纳税管理方案。

全球经济一体化进程加快，市场环境变化加剧，行业竞争愈演愈烈，这些都使得现代企业管理呈现出一些新的特点。比如，资产密度降低，企业灵活性增强；从单一企业管理拓展到价值链和产业链管理；财务管理向战略型、集成化发展；等等。不管是什么新的特点，都紧紧围绕一个主题，就是加强灵活性。这种灵活性为企业纳税管理提供了多种思路和方法，根据企业具体状况，不一而足。

### 一、将经营与财务相分离的纳税管理

在正常状态下，企业注册地和实际经营地应当是统一的。而很

多税收优惠政策都产生于老区、少数民族地区、边区和贫困地区等特殊地域，如果将注册地放置在上述地区就可以享受当地税收优惠政策，但在上述特殊地区开展企业实际运营则可能受到交通、经济、信息等地域性限制。那么，可以根据企业自身特点，将企业注册地和实际经营地分离，财务中心和注册地选择在税收优惠政策较多的地区，实现税负水平的降低，运营中心放置在经济较发达的地区，便于企业物流和信息流的高效运转。

### 二、一般纳税人企业的重新整合

从税的角度来看，一般纳税人企业的最大特点是增值税的流转性。这种流转性决定了增值税就是总增值额缴税，而不管这个增值额是在一个环节发生的还是在多个环节发生的。同样道理，所得税是针对企业利润空间征税，不管这个利润空间在一家企业发生还是分流于多家企业。利用这样的性质，一般纳税人企业可以根据需要对企业进行重新整合，而整体的税负却没有增加。

但这样的调整是有底线的。所有违背市场原则的筹划将适得其反，给企业带来巨大的法律风险和涉税风险。在企业纳税管理中，所有的方案和安排都不能脱离企业经营实际，不能违背市场经济原则，否则都将被认定为以避税或偷税为目的的关联交易而受到惩罚。

## 企业重组的税务处理

企业的市场需求和生产要素是不断变化的，企业生存的内外环境的变动也趋于加快，要在这种变动的环境中保持竞争优势，企业就必须不断地及时进行竞争力要素再组合，企业重组就是要素再组合的一种手段。在市场竞争中，对企业长远发展最有意义的是建立在企业核心竞争力基础之上的持久竞争优势。通过企业内部各种生产经营活动和管理组织的重新组合，以及通过从企业外部获得企业发展所需要的各种资源和专长，培育和发展企业的核心竞争力，是企业重组的最终目的。

广义的企业重组一般包括业务重组、资产重组、债务重组、股权重组、人员重组、管理体制重组等多种模式。但从税法的角度考察，企业重组有着严格的范围界定，只有与企业和相关自然人涉税问题密切相关的重组才是税法关注的焦点。

无论是债务重组，还是股权、资产收购，或者其他形式的企业重组，核心环节一定都是某种交易，而这个交易就必然涉及企业的部分或全部资产所有权的转移。在这个过程中，资产的性质、数量、价值都会影响到最终的税务处理，不同重组方式涉及的交易类型各异、性质不同，这也会给企业带来相应的涉税风险。

对企业重组税务处理的判断，有四个关键环节：一是分析重组中交易的本质到底是什么？二是分析重组交易中资产的视同销售问题；三是视同销售中的公允价值判断和计算；四是判断重组优惠政策能否利用。

企业重组是企业发展过程中不可或缺的重要工具，对企业纳税管理来讲依然如此。比如，通过重组实现亏损企业税前补亏，通过重组享受税收优惠政策，通过重组实现资产转移，避免直接资产转让。总之，面对企业重组，分析其税负成本，是纳税管理的基本要求；利用企业重组，达到安全降低税负目标，是纳税管理的更高层次。

### 企业营销管理

企业营销管理是企业运营的核心内容之一，企业营销管理的水平直接决定了企业生存和发展的根基。营销管理问题主要涉及产品定位、产品价格、销售渠道、促销手段四个关键环节，每个环节都会影响到财务和税务的处理。同时，营销管理既是企业同客户的合作，更是企业同客户的博弈，这种博弈最终也会影响到税的问题。

**一、营销模式及其税负特征**

1. 商场专柜销售或专卖店销售模式。在这种模式下由于销售价格相对偏高，产品的销项税额增大，而销售费用等大多没有进项税额抵扣，所以，生产商税负较重。而专柜或专卖店经营商税负相对较轻。

2. 区域经销商或区域代理商销售模式。生产商货款回笼较快，因折扣销售而使流转税负相对减轻。但因经销商享有局部市场的较大调控权，所以生产商对市场的调控力度减弱。经销商由于进销差价较大，且局部市场销售费用没有进项税抵扣等原因，使得经销商的税负相对加重。所以，经销商往往会采取各种各样的措施转嫁税负。

3. 特许经营和连锁加盟营销模式。二者有很大的区别，但从税务或经济的角度去考察，两者区别不大，有许多共同的特性，其共同出发点都是为了挖掘无形资产的利用价值，以最小的投入占领尽可能大的市场。

4. 直销或会员制营销模式。直销的基本思路是将销售过程的中间费用返回给参与者，利用高额返利吸引人们成为会员参与产品营销，直销商品通常只限于向会员销售，按会员销售产品的金额或数量等级给予高比例的现金返佣。这种高价销售产品后再高额现金返利的方式，给生产商带来了高额的销项税负。

5. 租赁式营销模式。租赁式营销就是把产品销售转化为产品租赁经营，也叫经营租赁。产品的所有权不转移，只将产品的使用权租赁出去，通过收取高额的租金来回收投资。

**二、企业营销模式选择**

从企业税务管理的角度来说，营销模式的选择主要考虑其对税负的影响，亦即收入实现形式与适应税率的关系，以及定价水平对税负的影响。

从节税的角度讲，凡是虚增企业收入的营销模式对企业都不利，凡是适应税率存在差异的营销模式都需要详细测算税负的变化，以便选择最佳的营销模式。

**三、企业营销组织与节税**

1. 企业外设销售机构选择与节税。外设销售机构一般有三种形式，即外设临时办事处、设立非独立核算的分公司、设立独立核算的子公司。三种形式的税务管理及其税收待遇均不同。纳税人应结合本企业经营的特点，酌情选择。

2. 交易方式选择与节税。从营销税务管理的角度来说，企业营销的交易方式选择主要包括三大内容：一是货物交易方式，二是交易定价方式，三是交易结算方式。不同的交易方式可能会对税负产生不同的影响。

# 纳税管理关键环节

## 搭建企业最优税务架构

架构、制度和证据是纳税战略管理最为核心的三大关键环节。要实施有效的纳税管理，必须找到影响税负的根源。企业的税负不是由财务决定的，而是由企业运营行为产生和决定的。那么，企业的运营行为又是由什么决定和影响的呢？这个问题的正确答案，对纳税管理的效果和效率都将起到关键作用。

企业战略和年度计划决定了企业的架构，企业架构分为三个层面：第一个层面是企业群架构，反映企业群当中不同企业的产权关系、业务关系和资产关系；第二个层面是单一企业架构，特指一家企业的股东结构、业务结构、资产结构等核心问题；第三个层面是企业财务体系的成本收益架构，反映企业基本的财务框架。从宏观到微观的架构层次决定了企业运营最基本的平台和平台结构，当然也是影响企业运营行为的决定性因素。

架构确定了企业经营的基本平台。这里所说的架构，是一种预先的设计和安排，是指企业在战略的指引下，在企业运营中综合考虑各方面因素，尤其是纳税管理因素，最终形成的管理体系。

基于税负成本以及资本运作等方面的考虑，企业无一不重视架构的搭建，选择适合自己的持股平台。一般而言，持股平台的搭建应着重考虑以下几方面的因素：

1. 税负成本。运营、资本运作、投资退出等各阶段的税负成本是否最优。

2. 法律风险。比如，选择合伙制作为持股平台类型需要充分考虑它的“无限责任”属性带来的潜在法律风险。

3. 现有架构。对已经运营的公司而言，顶层设计通常不现实，现有股权架构是搭建一切的基础。

4. 未来商业安排和功能。常见的如股票“套现”、境内外收购等。

在理想状态下，企业最优税务架构搭建应该“顶层设计”，比较现实和理性的做法是，发现目前架构对下一步的扩张或资本运作有很大的阻碍，企业应尽早优化自身架构，越早对运营负面影响越小，越早产生的税负成本越小，越早操作难度越小。因而，企业在充分融入资本市场的过程中，一定要重视架构的搭建和优化，趁早搭建最优税务架构！

## 企业管理制度

制度是又一个影响运营行为的重要环节。制度确定了企业经营和税务管理的基本游戏规则。制度决定了在企业中哪些事可以做，哪些事不可以做，可以做的事情该由谁来做、怎么做等一系列问题。企业制度体系包括章程、基本制度和具体制度，构成了一整套行为规范，约束和制约了企业中各层面人员的经营和管理行为。

从企业管理的角度来说，凡在企业中影响员工行为的规范类的、规则类的，都属于制度范畴。现代管理将制度分为两个层面：正式规则和非正式规则。通常我们谈到的管理制度都属于正式规则范畴，非正式规则更多地表达企业中的规范和习俗，就是我们通常谈到的价值观和企业文化。价值观和企业文化当然会影响一家企业的纳税管理，在冒险型的、冲动型的企业文化中，纳税管理不规范的可能性会比较大；反之，在稳健型的企业文化中，纳税管理会趋于理性和规范。

作为行为规范，制度决定了管理工作的范围和流程，为企业员工做出正确选择和高效率工作奠定了基础，纳税管理的有效实施也一样需要各层次制度的保障。老板要学会从财务和税务角度来看待管理制度，把制度和制度建设作为纳税管理的一个重要环节。

## 一、公司章程与纳税管理

公司章程中的涉税问题主要有：

1. 股东选择问题。一看股东是法人股东还是自然人股东。从税的角度看，法人股东取得分红免征企业所得税，自然人股东需缴纳个人所得税。二看股东是境内股东还是境外股东。境外法人股东无论是取得境内分红还是股权转让，所得都必须按 10% 的税率预提企业所得税，境外个人股东取得境内分红免征个人所得税。

2. 股东出资方式选择问题。一看出资一次到位还是分期到位。如果分期到位，资本金未到位期间的借款利息不得在税前扣除。二看是货币出资还是非货币出资。非货币出资涉及资产的公允价值，涉及资产视同销售。

## 二、公司基本制度与纳税管理

1. 财务管理制度。财务管理制度是基本制度中的核心制度之一，其中的各个部分都可能影响到税的问题。比如，发票管理制度会影响公司收入确认问题，固定资产管理制度会影响固定资产折旧的税前扣除等。

2. 合同管理制度。每种合同都或多或少会涉及税的问题，税务机关在认定交易涉税问题时也都是以合同性质和合同内容为依据来确认的。可以不夸张地讲，所有的涉税风险都同合同有关联，而所有的纳税管理也都通过合同来实施。因此，企业里的财税专业人员是否参与合同的谈判、起草与签署，将对合同涉税条款的规范起到至关重要的作用。

3. 薪酬管理制度。员工薪酬涉税问题的核心是个人所得税，同样的结果，不同的薪酬安排和发放时间，对个人的税负可能完全不同。而这些都需要在薪酬管理制度中进行筹划、测算和安排。

4. 销售管理制度。销售管理制度决定营销模式问题和收入确认问题，同时规定了各类型销售费用的产生规则和报销规则，这些都对企业成本收益结构有重大影响。

5. 生产管理制度。生产管理制度决定了制造成本的产生，同时决定了研发费用的产生方式，这些都会影响到税。

6. 行政管理制度。大多数的管理费用都是根据行政管理制度的规则产生出来的，它会影响企业的成本费用架构。

**三、公司具体制度与纳税管理**

公司具体制度是根据章程和基本制度衍生出来的，其对税的影响作用不再一一列举。

制度制定将影响企业内部人员的行为，层级越高的制度，其影响力越大。如何善用制度调整涉税行为，是老板面临的新课题。

## 企业经营行为的证据

企业要做好纳税管理，基于税法层面是最低级的层面，也是空间最小的层面，能不能从税法层面提升到财务体系层面，再提升到运营行为层面，最后提升到架构、制度、证据三大环节这个层面，是判断一家企业纳税管理水平的重要指标。

事实上，税务机关对企业的监管正是从这样的三个环节着手的。在由企业架构决定的企业平台上，企业员工按照制度确立的行为规范开展业务活动和管理活动，各种业务活动和管理活动又产生了一系列文件、凭据、资料，我们将其统称为证据。证据是企业纳税管理的关键点，证据链条是印证企业纳税行为的关键点。

1. 纳税管理中证据的重要意义。《中华人民共和国会计法》《中华人民共和国税法》对财务和税务证据都十分关注，制订了严格的证据保留和保管规则，以确保这些证据能以真实的状态保留，从而反映企业的经营和纳税情况。同时将违反保留规则、编造假证据或者损毁证据界定为违法行为，并给予严厉法律制裁。

2. 报表与账务。企业会计报表与账务是财税管理的首要证据。报表与账务、账务与原始凭证的统一是证据链条的关键环节。

3. 原始凭证。又称单据，它不仅能用来记录经济业务的发生或完成情况，还可以明确经济责任，是进行会计核算工作的原始资料和重要依据，是会计资料中最具法律效力的一种文件。根据《企业会计准则》和《中华人民共和国税法》要求，符合要求和规范的原始凭证能够作为纳税管理的合法证据，不符合要求和规范的，甚至是虚假的原始凭证将暴露企业在纳税管理中的问题和漏洞。因此，原始凭证是证据中最具有法律效力和最关键的环节。在原始凭证中，外部原始凭证由于不易造假，通常比内部原始凭证更具法律效力，而外部原始凭证中最重要、最核心的就是发票。税务机关也习惯于以发票作为税收征管的切入点，来监督、管理纳税人及时、足额缴纳各类税款。这就是税务机关征管实践中遵循的“以票控税”的基本原则。

4. 合同文件。合同是决定企业交易行为、交易性质、交易金额等关键因素的核心证据，也是纳税管理的关键证据之一。合同确定的交易同企业实际发生的发票等其他原始凭证的相互印证，是证明纳税管理方案的核心要素。在前文的合同管理制度部分，我们分析了合同的签署、管理中需要注意的要点，此处不再赘述。

5. 法律文件。主要包括两大类文件：一是工商注册文件。工商注册文件作为企业法律文件的基础内容，同章程一起界定了企业的最基本信息，真实记录了企业发展中每一步的重大变化和调整，为税务机关了解、调研企业提供了证据，也为企业纳税管理提供了证据。二是公安、法院、检察院等司法机关法律文件。司法机关的法律文件为企业界定特殊事件和特殊行为提供了法律依据，当这些特殊事件和特殊行为涉税时，也自然成为纳税管理的重要证据。

6. 其他需提供的文件。很多时候，为证明企业经营行为的合理性和真实性，税务机关还会要求企业提供一些辅助性文件，比如：

（1）会议费税前扣除。税务机关可能要求企业提供有关会议举办的内部文件、会议日程安排、签到记录等，并检查同发票的一致性。

（2）董事会费税前扣除。税务机关可能要求企业提供股东会决议和董事会决议，同时要求提供关于董事会费开支范围、标准、规范的相关制度，同企业列支的相关费用进行比较检查。

（3）对外投资行为。税务机关除要求企业提供投资协议外，还可能要求提供关于对外投资的股东会或董事会决议，并对照企业章程查看投资程序是否合法，行为同规范是否一致。

7. 中介机构报告。纳税管理中的中介机构报告涉及面很广，会计师事务所、税务师事务所、评估事务所、工程造价事务所，甚至律师事务所都可能牵涉在内。尤其是会计师事务所的财务审计报告、税务师事务所的涉税鉴证报告和评估事务所的资产评估报告更是经常出现，并作为证据链条中的重要环节。

# 增强外部沟通力

## ◎建立税企良性沟通机制

依法纳税是纳税管理的底线，也是涉税沟通的必然要求。

企业纳税管理行为是否符合税法要求，企业税负是否合理，最终的认定权都在当地税务机关。那么，做好同税务机关的涉税问题沟通，是所有企业财税负责人的重要职责。

很多企业的财税人员做不好同税务机关的沟通，原因五花八门：有的认为税务人员比较强势，有的认为税务人员不愿同企业沟通，也有的认为税务人员拥有“自由裁量权”，很难说服，等等。

在同税务机关工作人员的沟通中，要遵循三字原则：情、理、法。从税企沟通的角度来看，情、理、法这三个方面具有更特殊的含义和价值。合情、合理、合法是做好涉税沟通的三大原则，对这三大原则的领悟和贯彻是建立企业同税务机关良性沟通机制的要诀。

“情”是国人遇事的第一考虑。如果有了朋友、血缘等友情和亲情关系，沟通将变得更加容易。企业同税务机关工作人员之间的紧密沟通，不可回避地面临友情和亲情的多种因素。

“理”是国人做事的核心理念，企业同税务机关的沟通，合理也是核心要素，从经营行为的合理，到财务数据的合理，再到税负的合理，都离不开一个“理”字。

“法”是国人做事的最后底线。企业同税务机关的沟通，情与理都必须以合法为底线，对“法”的忽视和蔑视将会导致严重的后果。

在三大原则中，“情”是第一考虑，“理”是核心理念，“法”是最后底线，它们形成了一个沟通的金字塔形状。

**一、合情——建立和谐融洽的人际关系**

企业同税务机关的沟通，牵涉双方的众多岗位和角色。税产生自企业的经营行为，企业所有业务部门的工作人员、总负责人或者股东，都可能成为沟通的重要对象。在企业日常经营中，企业老板和财税负责人可以定期或不定期地根据需要同税务机关工作人员进行接触沟通，有百利而无一害。主要目的就是让税收管理员了解企业的最新信息，信任企业的管理班子，在此基础上建立良性沟通渠道，为企业长远发展创造有利的纳税环境。

很多时候，企业相关涉税人员的沟通方式会导致双方沟通的失败。也有的企业在计划做事时不做沟通，等事情发生后按照程序到了税务机关工作流程后才不得不被动沟通，导致很多事情错过了最佳筹划和调整时机。因此，遇到重大事项或者经营行为的重大变动，一定要预先同税务机关工作人员沟通，听取他们的专业意见，以防沿着错误的道路走下去，形成路径依赖，增加涉税成本。

尊重税务机关工作人员，同税收管理员保持良性沟通，将有利于同税务机关建立和谐的人际关系，为企业涉税沟通创造优质环境。

**二、合理——构建企业合理经营平台**

合理是涉税沟通的核心理念。无论从税务机关的角度还是从企业自身角度，税的合理其实就是企业运营和管理行为的合理。那么，构建企业合理经营平台，才是企业同税务机关沟通的核心。再好的人际关系，没有合理的行为做支撑，也不会起到积极的沟通效果。

**三、合法——运用税法指导思想**

合法是企业同税务机关良性沟通的底线。在涉税问题上，合法与否主要是基于双方对税法及相关税收规定的理解和认同。对企业而言，合法需要注意以下问题：

1. 企业同税务机关的信息不对称。正常情况下，企业对税法的了解和掌握多半不及税务机关工作人员。掌握信息较多、较快的税务机关占据了沟通的优势地位。这就造成了双方在沟通中的信息不对称。如何打破这种信息不对称？同税务机关工作人员相比，企业内部人员缺乏对《中华人民共和国税法》的系统学习和贯彻。那么，如何才能改善这一状况？众多财税培训机构的出现为企业财税工作人员学习《中华人民共和国税法》提供了新的机遇。不同层次的学习给企业财税工作人员提供了不同的沟通平台。

2. 领悟《中华人民共和国税法》背后的精神。《中华人民共和国税法》是一套独特的法规体系，但所有法规的背后一定有着某种含义和精神。对老板来讲，单纯看《中华人民共和国税法》条文没有太大价值，浩如烟海的税收法规体系会将你淹没在条文和概念中。重要的是要看到《中华人民共和国税法》背后的含义和精神，并能举一反三。

（1）《中华人民共和国税法》对运营行为的本质认定。《中华人民共和国税法》中的一个重要作用就是对企业运营行为的性质进行剖析和认定，要搞清楚《中华人民共和国税法》对各类经营行为的基本看法和态度，遇到相似问题，一定可以举一反三，触类旁通。

（2）《中华人民共和国税法》背后鼓励什么和反对什么。《中华人民共和国税法》代表和反映政府对企业经营行为的引导。凡是政府提倡的，《中华人民共和国税法》多半制订了相应的税收优惠政策；凡是政府反对的，《中华人民共和国税法》多半也有严格的或者严厉的应对措施甚至惩罚措施。因此，一定要从《中华人民共和国税法》中看到其背后的价值导向和行为导向。企业老板要了解政府提倡什么、反对什么，这对企业战略制订和长远纳税管理有着重大的价值。

（3）将《中华人民共和国税法》确立的标准作为企业经营的底线。合法是企业纳税管理和涉税沟通的底线。合法降低税负是企业的追求，也是税务机关在沟通中重点关注和考量的。

## 建立企业税务危机管理机制

依法纳税是企业应尽的法定义务。但在现实生活中，企业在纳税问题上表现得形形色色，凡是在税上有问题的，都将给企业带来严重的税务危机。要解决税务危机，最好的办法其实是做好预防，将危机消灭于未发之时，本着预防的原则建立长效纳税管理机制。

### 一、税务危机来自哪里

企业税务危机起因各异、表现多样，常见的有以下几种：

1. 内部人员举报。由于熟悉企业内部运营状况，掌握相关证据，内部人员举报是引发企业税务危机的最主要原因。

2. 税务机关评估、稽查、监管。税务机关日常工作方式包括日常税务管理、稽查同纳税评估，这些方法也可能发现企业存在的涉税问题，给企业带来涉税风险。

3. 因其他案件牵涉出的税务危机。经济案件常常是有联系的，一件案子追本溯源，常常会顺藤摸瓜，将一条线上的所有涉案企业一起牵涉出来。经常出现的案例是增值税发票案，税务机关查处一家虚开增值税发票企业，常常会沿着产业链追查下去，将所有涉案企业牵扯出来。另一种情况是完全因为其他案子引发的涉税案件，典型的如因上海社保基金案牵涉出的某某集团虚开增值税发票案，以及因北京海淀区原区长周某某案牵涉出的某某地产偷税案。这些例子告诫企业，对恶意偷税的企业来讲，税务危机爆发是必然的。劝君莫伸手，伸手必被捉。

4. 媒体报道和炒作。媒体报道和炒作常常不是引发企业税务危机的根源，但常常是危机放大和总爆发的主要原因。

### 二、建立税务危机管理机制

税务危机归根结底是因为企业自身存在问题，因此，要杜绝税务危机，真正有效的办法自然是消除自身的涉税问题。恶意偷税自不必论，无意的风险更应引发企业的关注和重视。税务危机管理机制，更多的是针对企业这类无意之举所带来的涉税风险。

企业要建立长效涉税管理机制。纳税管理属于企业战略体系的重要组成部分。从长远的、全局的角度看待纳税管理，方能真正建立起长效涉税管理机制。

1. 改变思想。切不可再认为税是财务部门的工作，税产生于企业运营行为，纳税管理也是企业所有部门共同努力的工作。这个观念一日不树立，纳税管理漏洞就一日不能堵上。

2. 加强协作。以财税部门为核心，加强企业各业务部门在涉税行为中的协作，是建立长效涉税管理机制的重要工作。只有协作，才能改变财税部门事后工作的被动局面，变被动为主动，做好纳税管理。

3. 加强自查。规划好企业业务活动中的涉税风险点，定期自查，发现隐患，早日清除，是避免税务危机最为有效的手段。

4. 正确处理企业内部矛盾与冲突。很多涉税问题和涉税风险是由内部矛盾的爆发而爆发的。企业老板必须关注财税部门内部的人员关系、财税人员同业务部门的人员关系、财税人员同经理人的关系，随时化解三个层面出现的内部矛盾，避免矛盾激化引发税务危机。

### 三、建立税务危机管理班子

面对税务危机，防范是主流。但当危机不可避免时，如何应对和管理危机是企业老板必须要预先考虑的。危机管理最重要的是班子问题。也就是说，当危机爆发，谁来整体组织，统一协调，确保企业以最低的成本、最小的损失、最快的速度渡过危机。

一般来讲，企业税务危机管理班子应包括总裁、财务总监、税务经理及其他必需人员。其中一个关键的要素是，当发生危机时，企业对外信息的提供必须口径统一。一般而言，财务总监或者税务经理做发言人较为合适，专业的涉税工作经验，良好的涉税人际关系，都是对外沟通中必不可少的条件。

**四、做好危机沟通**

在危机管理班子的统一部署下，如何做好危机沟通？由于危机性质各异，表现复杂，可能并没有一套放之四海而皆准的方法，但“情、理、法”三原则在这里依然适用。无论是税务检查的接待、涉税资料的提供，还是涉税信息的反馈，企业都应当严格遵循“情、理、法”的精神，这样才能以坦诚的态度获取税务机关的信任，最终安全渡过税务危机。

**五、善于利用中介机构**

法定的涉税中介机构主要是税务师事务所和会计师事务所。作为涉税中介机构，在涉税问题上的经验和专业知识都要强于企业，因此，在危机来临时利用中介机构的丰富处理经验和专业知识，可以在关键时候起到事半功倍的效果。

# 第五章
# 企业税务管理的设计与组织

# 通过税务管理提升企业竞争力

## 企业的税务管理也是竞争力

随着企业外部经济环境的不断发展变化，企业对税务管理问题越来越重视。税务管理对强化企业法律意识，优化企业产业结构和投资方向，减轻企业税负成本，提高企业整体经营管理水平，最终实现企业生产经营目标有重要意义。

企业税务管理是企业采用税务计划、决策、控制、组织实施等方法，使其税收成本最小化的一系列管理活动。企业税务管理的核心议题与能力，并非展现于当税务问题发生时公司与税务局进行诉讼的能力。最佳实务是透过税务治理机制进行有效风险管理、创造价值、提升管理能力，以及避免由于工作中的疏忽而引起的争议和诉讼，甚至免除处罚。税务管理的目的，是为了以较小的管理成本支出达到化解不特定税务法律风险及成本。

企业税务管理有两大目标，一是创造价值，一是管理风险。如果把这两个目标看作汽车的两个轮子，那么企业税务管理的策略就如同汽车的方向盘，指引着企业税务管理行进的方向。

企业面临的税务风险，轻则，为遭遇税务机关调查或补税；重则，可能会对企业的获利与财务负担能力产生巨大冲击，甚至重创企业的形象和名誉。更麻烦的是，税务机关还可能追查以前年度的申报，以及加大对企业未来运营的查核。

可见，税务管理对企业十分重要。在企业中，税务管理的利害关系人涉及广泛，这些人与企业税务风险关系紧密，并扮演了重要角色。如图 5-1 所示。

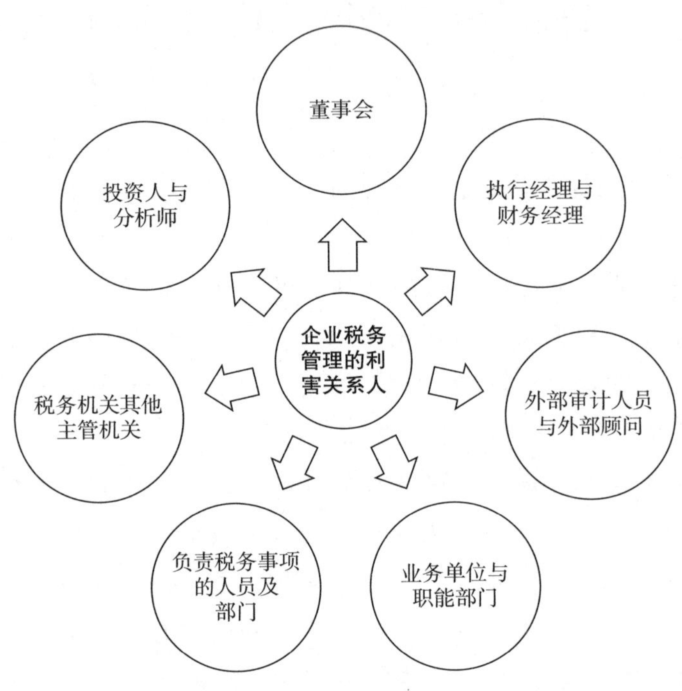


**图 5-1　企业税务管理的利害关系人**

税务管理有助于提高企业财务管理水平，增强企业竞争力。资金、成本和利润是企业财务管理的三要素。税务管理作为企业理财的一个重要领域，是围绕资金运动展开的，目的是使企业价值最大化。开展税务管理有助于企业提高财务管理水平和经济效益、规范经营行为和防范税务风险，最终形成企业竞争优势。通过企业税务管理，可增加企业的竞争力，创造企业价值；为求经营制胜，企业更应该重视税务管理。

良好的税务管理可创造以下价值：降低企业的税务风险、减少企业的税务成本、减少企业的管理成本、强化企业内部控制系统的有效性、提高财务报表的品质、提升价值及每股盈余。税务治理的项目不是只有所得税，它涉及企业各项间接税目，如关税、营业税等，亦可能与企业的财产税与消费税项有关。有效的税务治理，不仅有机会免除或降低各项与营运或布局有关的税赋成本，亦可帮助企业发现纳税筹划的机会。最积极的效果是促进企业税务处理及申报的合规性，也可理顺企业在各国所面临的税务问题。

### 企业税务管理的必要性和特点

税收与企业经营活动密切相关。企业因为有涉及税务的生产经营活动才产生纳税义务，因此，企业生产经营的各项计划、决策、实施必然会对企业税负产生直接或间接的影响。既然如此，企业税务管理就应当渗透到企业生产经营管理的各个环节，这是强化企业税务管理必要性的内在原因。

企业税务管理的特点在于：它是一种依法的自律性管理，它管理的是企业自身的涉税行为，而不是别人的涉税行为；企业税务管理也是力求依法降低自身税负的自发性行为，企业力求通过强化自身的管理来达到降低税负、依法维护自身权益等目的；它还是一种融合自身经营特点的内部组织行为，它是通过依法规范自身业务流程、约束自身涉税行为、优化自身纳税方案等来实现其管理目标的内部组织活动。

企业既要依法履行纳税义务，也要充分享受国家的税收优惠政策，这就要求企业老板加强节税意识，在企业涉税业务处理过程中加强税务管理和监控，这样企业才能达到有效减轻税负的目的。

企业老板一般认为税务管理属于政府职能，事实却是企业更需要税务管理。根据有关资料显示，税务部门稽查发现，除少数企业是故意偷逃税外，很多企业都是因为对税收法律法规理解不透彻、了解不全面导致未能全面履行纳税义务。这样，企业除了要缴纳查补的税款和滞纳金，还要被处以罚款，企业税负成本也因此增加。这从一个侧面反映出企业存在税务管理的必要！

既然企业生产经营的各项计划、决策都会对企业税负产生影响，那么企业要想降低税负成本，就应当在生产经营决策过程中处处注意与税负有关的各种问题，即在税负成本产生之前就做出良好的管理和控制，而不是等到税负成本产生之后再去“想办法”或“做手脚”。也就是说，科学节税是一个深层次的税务管理问题。企业的税务人员要深刻理解现行税收法律法规，在符合或不违反法律法规的前提下进行纳税筹划。纳税筹划就是纳税人在不违反税收法律法规的前提下，根据纳税人自身的特点，规划企业的纳税活动，既要依法纳税，又要充分享受优惠政策，以达到减轻税负或推迟纳税目的的一项会计工作，是企业整体财务筹划的重要组成部分，也是企业经营管理的重要组成部分。

企业税负也是企业的生产经营成本，凡是成本都有管理和控制的必要。税负成本有合理性和浪费性支出之分，这就要求企业最大限度地利用税收优惠政策和精准纳税技术，避免那些因违规受罚而承担的或者由于自身不懂税务而加重的额外税负，进而降低企业税负成本。另外，企业要缴纳的税多种多样，各种规定也纷繁复杂且经常变动，而税法的罚则又非常严厉，稍有不慎，就可能招致高额罚款从而大幅加重税负。所以，从成本控制的角度来看，税负成本更需要管理和控制。

对企业来说，税负成本和其他成本一样，不能用最终降低企业竞争力的方法来降低。企业可以选择在有税收优惠政策的地区投资，可以创造条件使之符合享受减免税政策优惠的条件，可以通过科学的节税筹划来选择对自身最有利的纳税方案，可以加强自身的税务管理减少或避免因违反税务法规而导致的税收处罚等额外税负。企业税负成本能否在合法的前提下有效降低，取决于企业税务管理的水平！

## ◌ 企业税务管理的原则和内容

企业税务管理的原则是指税务管理应遵循的基本原则。这些基本原则是由企业税务管理的地位和特性决定的。一般来说，企业税务管理应遵循以下几大原则：

1. 依法管理原则。企业税务管理主要不是依据企业自身规章制度来进行的，而是依据税法，企业的任何涉税事务都必须依据法律的相关规定进行。所以，依法管理是企业税务管理的第一原则。当企业的经营决策、管理措施、客观需要和规章制度等与国家的相关税收法律规定相抵触或不一致时，必须按法律的要求修正。

2. 服从企业财务管理总体目标原则。税务管理必须充分考虑现实的财务环境和企业的发展目标及发展战略，运用各种财务模型对各种纳税事项进行选择和组合，有效配置企业的资金和资源，获取税负与财务收益的最优化配置，最终实现企业价值最大化目标。

3. 成本效益原则。税务管理的根本目的是取得效益，因此，企业进行税务管理时要着眼于整体税负的减轻，综合考虑各税种和企业的现实情况，力争通过税务管理实现的收益增加超过税务管理的成本，使得企业效益有所提高。

4. 事先筹划原则。企业进行税务管理时，要对企业的经营、投资、理财活动进行事先筹划和安排，尽可能地减少应税行为的发生，降低企业税收负担，实现税收筹划目的。

从企业生产经营活动与税务的联系来看，企业税务管理的内容可大致分为以下五个方面：

1. 税务信息管理。税务信息管理包括企业外部和内部的税务信息收集、整理、传输、保管，以及分析、研究、教育与培训等。就外部而言，政府税收政策、法规等信息的采集、研究对企业科学纳税的作用是不言而喻的。同时，企业内部税务信息的归集、整理、分析与报告等也是相当重要的。企业税务管理的第一个重要理念是强调企业的全员参与税务管理，这是企业税务信息管理的一项重要内容和任务。

2. 税务计划管理。纳税实务管理包括企业税收筹划、企业重要经营活动及重大项目的税负测算、企业纳税方案的选择和优化、企业年度纳税计划的制订、企业税负成本的分析与控制等。这些对企业科学制定节税策略、合理安排纳税资金计划以及严格控制税负成本等都至关重要。所以，企业税务管理的第二个重要理念是筹划先行、整体协调、预防为主、有计划地管理和控制。

3. 涉税业务的税务管理。企业的生产活动几乎都与“税”有关。所以，对涉税业务进行税务管理是必不可少的。强化对涉税业务的税务管理是控制税负成本和降低涉税风险的最好管理措施之一。涉税业务的税务管理大致包括：企业经营决策的税务管理、企业投资的税务管理、企业营销的税务管理、企业筹资的税务管理、企业薪酬的税务管理、商业合同的税务管理、企业税务会计管理、企业薪酬福利的税务管理等。因此，企业税务管理的第三个重要理念是强调对涉税业务的全过程管理和全面监控。

4. 纳税实务管理。纳税实务管理包括税务登记、纳税申报、税款缴纳、发票管理、税收减免申报、出口退税、税收抵免、延期纳税申报、非常损失报告等。其中任何一项业务都有相应的规定和要求，企业必须严格遵守，稍有差错就可能使企业蒙受损失或违规受罚。因此，企业纳税实务的管理是一项重要工作，应当予以高度重视。

5. 税务行政管理。企业税务行政管理一般包括税务证照保管、税务检查应对、税务行政复议申请与跟踪、税务行政诉讼、税务行政赔偿申请和办理、税务司法诉讼、税务公关、税务咨询等，它是对企业税务行政事务处理全过程的管理，还包括企业自身的税务组织管理和协调等内部事务。

## ◎企业老板应制定相应的企业税务策略

### 一、制定企业税务策略应明确的内容

企业老板应制定相应的企业税务策略，当一切如常时，企业策略为何？当问题产生时，又该采取怎样的处理策略？

当环境变化时，企业的应对策略及态度亦当随之调整，日常作业应着重于税务遵循及合规的确认、税务风险的辨识及寻求最适合的税务成本。当问题发生时，企业应掌握损害的范围、对企业的影响及停损点的设定。企业应制定明确的集团税务政策及年度税务管理计划，并配合税制改变与经营环境变化拟订应对政策。企业的税务策略应明确下列内容：

1. 处理税务事项的原则。比如，税务风险容忍度是采用基本的税务规划，还是采用激进的税务规划？税务成本负担是以节省税务成本为目标，还是以负担最低限度的税负为目标？税务管理成本的投入，是否要考虑追求成本极小化？

2. 主要的项目。比如，每股盈余或有效税率、现金税款支出等。

3. 想达成的目标或结果。

4. 所需的内部及外部资源。比如，外部顾问的协助、信息科技之应用等。

5. 定位参与的相关人员及其权责、处理税务事项之程序。比如，所负责的税目、税务风险产生时之应对措施。

6. 报告与沟通的程序及管道。

7. 衡量执行状况的指标。比如，税务查核所造成的额外税务成本。

8. 定期且持续的监控与改进。

**二、善用各项工具及资源，以达到事半功倍之效**

税务信息的沟通与管理是税务管理的基本工作。而信息科技的运用也成为税务管理的一大助力：

1. 增进沟通效率，降低人工处理的营运成本及减少错误发生。

2. 掌握全球税务问题，便于管控，同时亦可明确责任的划分。

3. 完备税务信息储备及保全的机制。

外部顾问于税务管理中也扮演着极重要的角色。外部顾问的作用在于：借助其专业知识及实务经验，协助企业处理复杂及专业的税收问题；税务风险的辨识与应对；与税务机关的关系及沟通协商的经验。

**三、企业财税部门所扮演的角色将越来越重要**

企业税务部门已从后勤单位和税务知识研究员的角色，转变为企业业务流程中的一环，比起往昔，企业税务部门对企业的活动有了更多的影响力。

企业对内部税务部门的期待如图 5-2 所示。

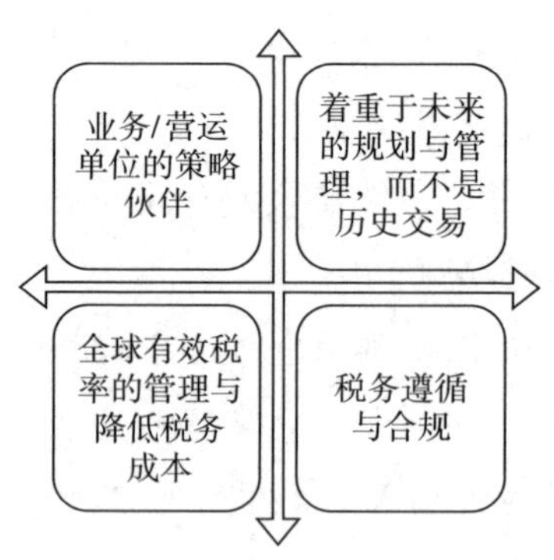


**图 5-2　价值创造中的企业税务部门**

企业之财税部门应彰显自身价值，并扮演积极的角色，点出税务管理的重要性及可为企业创造之价值。税务部门不再是后勤税务申报单位，而应该站到企业第一线，在企业的各项经营决策及各项交易前参与规划与评估，以作为企业决策因素之一，甚至在董事会及企业经营管理会议上，税务议题应该纳入定期报告及讨论的项目，税务部门亦可直接进行报告并参与讨论。

# 强化企业自身管理是减轻税负的根本之道

## 企业自身管理不同，引发税负“跷跷板”

随着市场经济日趋规范和完善，税务管理在企业竞争中所起的作用越来越显著。企业老板需要根据国家财税政策要求与企业的发展策略，定期进行财税情况复核，评估方案实施效果，适时调整优化方向，实现税负水平的科学管理。

然而，因不同的企业老板对企业的管理各异，也会引发企业税负的“跷跷板”。有些老板由于缺乏科学管理税负水平的意识，致使企业的有效税率长年居高不下，为充分享受国家税收优惠政策，老板应该通过科学管理进一步改善企业税收与经营的效率，提升企业盈利水平。

在企业税负中有两项主体税收，即增值税和企业所得税，而增值税被老板们认为是企业的负担，于是直接从财务数据中看税负的变化，笼统地从增值税去谈企业税负的增减变化。这就模糊了间接税与税负转嫁等概念，混淆了纳税人与负税人的区别。为什么这么说呢?

增值税属于可以转嫁税负的间接税，企业虽然缴纳了增值税，但增值税的税负实际上是可以转嫁的，纳税人并非税收的实际负担者。在销售产品或提供服务时，增值的税负经过层层转嫁，最终会让消费者负担增值税的税款。在管理实务中，增值税普遍被视作纳税企业的负担，企业直接通过财务报表数据测算和笼统地讨论企业税负的增减，这种做法是很不科学的，它模糊了简洁税与负税人的区别。在税务转嫁的前提下，企业缴纳了增值税，并不等于直接负税了，因为增值税只是一种“过路税”，企业缴纳多少数额，并不等于负担了多少数额的税，大多数情况下，企业纳税并不负税，只有少数企业会纳税又负税。

“营改增”以来，企业减税后，减税的好处被纳税人（企业）而不是负税人（最终消费者）获得。它具有明显的减税效应，有利于增强企业活力，刺激生产要素的投入。

“营改增”的减税效应能够增加企业税前所得，增值税与企业所得税具有税负“跷跷板”效应。通常，企业缴纳增值税减少时，企业税前所得可能增加，在增值税税负转嫁的作用下，企业缴纳增值税增加时，企业税前所得可能并不减少甚至可能增加。如果单就增值税而论增值税，以个别事例说明税收问题的整体状况，容易以偏概全，导致分析结果失真，夸大增值税减税效果，或者否定增值税减税效果。因此，不能只是就增值税而论增值税，而应在宏观税负的框架下关注企业所得税的增减变化。

此外，由于企业管理不善，不懂用好用足税收优惠政策，也是导致企业税负不减反增的重要原因。比如，企业纳税错误申报、发票管理不善等，往往会导致企业税负不减反增；没有用好最新的政策也会导致少数企业税负不减反增；由于上游供应商没有及时开具发票也会导致企业进项税减少，税负上升。

从这些问题中可见，企业改善自身管理，可有效避免纳税后企业税负不减反增的情况出现。税负降了，企业才能真真切切感受到国家减税降费改革政策的红利。

## 强化自身管理，靠“内功”减轻税负

在企业管理中，税务管理的内容最易被老板忽视。企业税负的程度不仅与政策有关，还与企业税务管理的规范水平直接相关。企业强化自身的管理，靠“内功”能更有效地减轻企业税负，即依靠生产经营全流程的税收管理控制来降低企业税负。

**一、增强税收风险意识**

伴随税收征管系统的技术化、现代化、数据化，税务机关对企业的监控力度逐渐加强，企业各种涉税违法违规行为都将会寸步难行。企业涉税风险日益成为经营风险中的一个重要部分，税务问题处理不当，不仅会直接影响到企业的经营业绩，还有可能受到法律的追究。企业要长远发展、降低税负，首先就要增强税收风险防范意识，规范企业生产经营。

**二、强化企业流程管控**

税收来自企业的生产经营，要降低税收负担，就必须强化企业生产经营的全流程税收管控。一方面，要提前策划业务内容。生产经营过程产生税，不同的生产经营过程产生不同的税收负担。但即使是相同的经营过程，对税收因素考虑充分与否也直接决定了企业缴税的多少。企业如果能够在业务发生的最初环节就考虑到税收问题，将会对企业节约税收成本起到积极促进作用。另一方面，要谨慎选择合作伙伴。选择合作伙伴时，需要提前做好测算。企业如果取得虚开的增值税专用发票，轻则不能抵扣进项税额，重则会有刑事责任。所以，在对供应商的尽职调查中，除常规调查项目外，还应对供应商开具增值税专用发票进行调查。

**三、签订合同的注意事项**

合同的内容决定生产经营过程，是各项经济业务的源头，合同条款的具体内容直接影响企业的税负。因此，合同中应当明确对方提供发票的种类和当事人涉税信息，明确价款、增值税额、发票提供、付款方式及价外费用等，明确区分不同税率的商品或服务内容，清楚地根据交易的实质描述具体服务内容，以保证财务部门在进行涉税核算时准确适用相关业务的税率。

**四、发票开具与取得的注意事项**

票面内容要完整准确。一是企业信息完整。除个人消费者外，单位名称、纳税人识别号等均应在发票上注明。二是货物或服务信息完整准确。所购货物或服务名称、数量、单价等均应完整填写。应注意规范开具销货清单。汇总开具专用发票的，应同时使用防伪税控系统开具《销售货物或者提供应税劳务清单》，并加盖发票专用章，受票方才可以抵扣进项税额。发票备注栏应按规定注明相关信息。备注栏信息一定要按规定填写，否则为不符合规定发票，受票方存在不能抵扣进项税额和不能计入土地增值税扣除项目金额的风险。发票内容与实际业务一致，要按真实发生的业务开具或取得发票，确保资金流、票流和物流（劳务流）的相互统一，杜绝虚开和接受虚开增值税发票现象。

**五、货款结算时的注意事项**

如果企业发生代收代垫款项等行为，除特殊情况外，应和价款一起缴纳增值税，因此会增加企业不必要的税收负担。代收代付的货款结算方式不符合收款方、开票方、货物销售方或劳务提供方必须是同一个法律主体的相关要求，会给企业带来虚开发票等相关风险。因此，货款结算时既要尽量避免替人家付款，也要尽量避免替人家收款。

**六、谨慎选择适用优惠政策**

企业在对不征税收入、免税收入等税收优惠政策进行选择适用时，应进行周密筹划，以确保企业税收利益最大化。在选择适用优惠政策的问题上，符合条件的财政性资金按不征税收入处理并不一定是企业的最佳选择。

免税政策可以帮助企业降低税负、促进企业发展，但也要注意，选择适用政策也有可能因为割裂了上下游企业之间的增值税抵扣链条而产生重复征税，影响市场机制的正常作用，对企业经营和产业发展产生负面影响。

增值税一般纳税人如果存在免税收入，应根据具体情况进行详细测算，以确定利弊，择优选择。

企业还应注意投资方式的谨慎选择、企业组织架构的合理搭建、对外宣传不宜夸大事实等相关事项，以确保税收全流程管控效果最大化。

综上所述，要规范企业税收行为，必须建立完善的税收管理体系，在管理企业的过程中充分运用税收手段，在合同签订、业务实施、税款缴纳等各环节均实施有效税收控制，真正实现企业税负的降低，促进企业更好地发展。

# 老板必须树立的税务管理思维

## ◌“金税三期”——即时的税务稽查

“金税三期”是我国税收管理信息系统工程的总称，是税务机关为纳税人提供优质高效的纳税服务的重要基础。它运用“互联网+”思维，稳步推行增值税发票管理新系统，推广电子发票，加大税收大数据运用，使税收征管从凭个人经验管理向依靠大数据分析转变。该系统运用大数据评估和云计算，发挥出强大的实时监控能力，纳税人的任何事项均会留下记录，它也会追踪企业的资金流、票据流等。税务稽查越来越严格，它如同给企业安装了无形的监控和电子眼。对企业来说，它大大缩短了办税时间，提升了办税体验，与此同时，企业的信息将更加全面、精准、透明。“金税三期”对进一步规范税收执法，优化纳税服务，实现“降低税务机关征纳成本和执法风险，提高纳税人遵从度和满意度”的税收征管改革目标等具有极其重要的意义。

“金税三期”让所有纳税人在享受纳税申报便利的同时，也让想要利用税务漏洞来谋求利益的企业无所遁形，虚开发票、虚报、乱入账等都将被一查到底。纳税人违规被稽查的风险增大，偷漏税的企业必然成为税务稽查的对象。所有想要在此系统下生存的企业都必须进行“转型”，而所有企业的财务部门也将“合法合规”提上日程，只有真正做到合法合规，从梳理税务内控薄弱环节着手，完善发票管理机制，强化合规遵从，积极应对“金税三期”带来的新挑战，才能真正将企业做大做强。

## ◌ 金税工程对企业纳税管理的影响

金税工程是我国税务管理工作的一个重点，通过建立一体化信息平台，实施大数据分析，可以进一步规范税务机关的征管行为和企业的纳税行为，发挥良好的互动管理作用。“金税三期”使税收征管环境将越发规范与严格，企业要充分认识纳税环境的变化，努力提升涉税风险的管控能力。

**一、对纳税申报流程的影响**

在“金税三期”实施以前，企业办理税务事项通常要涉及国税局、地税局、发票认证等多个平台，有的业务还需要到税务局业务大厅上门办理，如果资料不齐全，还需要往返于企业和税务机关，税务事项办理效率相对较低。“金税三期”将国税与地税的纳税平台统一到一起，通过一个界面，企业就能完成税务管理涉及的申报、纳税等全部工作。“金税三期”平台上公布着税务公告、税务政策、咨询电话等信息，改善了用户界面，方便了企业纳税，优化了企业纳税申报流程。

**二、对发票管理效率的影响**

在“金税三期”实施以前，仅增值税发票系统就涉及开票系统、认证系统等多个系统，各系统的集成性不好，效率较低。“金税三期”实施后，通过系统集成与人工智能，大大提高了系统效率。例如，在发票票种核定业务中，系统会自动启动行政许可界面，进行相关查询审定工作，税务机关的工作更加流程化，企业享受的税务服务更加高效。

**三、对税收征管流程的影响**

我国税收征管由《中华人民共和国税收征管法》及实施条例具

体明确，但在实务操作中，由于特殊情况较多，税务机关在处理企业涉税业务时，选择空间和行政余地相对较大，不利于税收监管的公正执行。“金税三期”将《中华人民共和国税收征管法》相关要求嵌入系统，自动拦截一些违规行为，如在行政处罚中，“金税三期”将责令限改通知书和行政处罚决定书严格区分，分别送达，并分别销号，实现了企业税收征管流程的规范化。

## “金税三期”与企业税务管理设计

“金税三期”系统覆盖了所有税种、所有工作环节，并与各税务机构进行联网，实现了在线监控。在“金税三期”严格的税务环境下，企业应加强对税务风险管理的研究，通过纳税筹划和设计缓解企业的税务压力，以降低发生税务风险的可能性。

企业可结合生产经营特点和内部税务风险管理的要求设立税务管理机构和岗位，明确岗位的职责和权限。组织结构复杂的企业，可根据需要设立税务管理部门或岗位：总分机构在分支机构设立税务部门或者税务管理岗位；集团型企业在地区性总部、产品事业部或下属企业内部分别设立税务部门或者税务管理岗位。企业应密切关注国家税收政策动向，在进行税务管理设计的同时，学会依靠税收政策进行发展。

企业税务管理设计主要针对的是企业财务管理部门。它是企业财务管理的一部分，财务管理的目标是实现企业价值最大化，企业税务管理设计的最终目标也是实现企业价值最大化。税务管理不是一个部门的事情，它关系着企业的生命线。对一家企业来说，要想将经济问题管理好，税务管理是一项必要的工作。

企业要将税务管理进行多方面的优化，老板进行相关的提升，有助于准确把握自身的管理任务和管理职责，避免出现管理疏漏，培养员工的责任意识。老板在掌握相关信息和确立纳税筹划具体目标之后，应着手设计纳税筹划方案。方案设计的角度不同，步骤就会有差异。老板需要将方案逐一列示，然后选择最优方案。

### 迈入“金税四期”

“金税四期”即第四期国家金税工程计划。“金税四期”是在“金税三期”的基础上进一步改进与完善，与“金税三期”相比，“金税四期”还纳入了非税业务，对业务实行更全面的监控，从而实现税务系统的所有业务、整个流程的统一。“金税四期”突出强调系统升级和加强监管，其最大的特点就是搭建网络通道，建成了较为完善的企业信息联网核查系统，致力于促进各部委、人民银行和相关机构之间与涉税业务相关的信息共享和查询，实现企业注册登记、纳税状态以及相关工作人员手机号码查询三大功能，实现了各项数据的全国互通联网，从而简便办理、强化监控。

为此，“金税四期”决策指挥项目系统特打造了“视频指挥台”“重大日程”“重大事项”三项主体功能，以及“会议室预定”“多人音视频沟通”“扩展接口”三项配套功能，通过技术加持，强化了内容控制监督，从而促进涉税业务办理效率的提高和营商环境的优化。

# 企业涉税制度的设计

## 企业涉税制度设计的原则和基本理念

企业涉税制度的设计是企业以国家统一财政税收政策法规规范性文件为依据，研究企业涉税事务处理办法、涉税核算体系和涉税风险、识别纳税监控的工作程序及安全策略的一项行为设计活动。

在设计涉税制度时，必须遵循一定的原则以保证设计的质量。

### 一、涉税制度的目的性

企业进行涉税制度设计前，应明确自己的目的是什么，想解决什么样的问题；企业应考虑制度的适用范围是什么；哪些特殊业务或内部监控需要设置内部科目来体现，使用内部科目需具备什么条件；如何设计内部报表（报告）才能及时、全面地得到集团内部企业的财务信息及其交易情况，并辨别下属企业对集团的依存程度，如资金来源或利润来源。

### 二、涉税制度的合法性

设计企业内部涉税制度必须以国家和地方政府颁布的税收法规为依据，内容上应与相关法律法规，尤其是税法协调一致。企业在设计涉税票据管理制度、税收负担估算分析制度、涉税风险管理制度时，必须充分考虑税法的各项规定，要符合税法中的一般原则，符合涉税要素确认、计量的各项规定。

### 三、涉税制度的效益性

设计企业内部涉税制度以提高信息质量、工作效率为手段，最终目的是提高企业的经济效益，财务总监应充分考虑设计成本、运行成本和与之带来的效益之间的投入产出关系。

**四、涉税制度的可操作性**

企业内部涉税制度在表达方式上应该尽量浅显，并与企业日常涉税核算的实务紧密联系。内容上全面具体，某种程度上是对涉税法律、涉税政策相关内容的细化。对属于国家财税法规中可以选择的涉税政策，应做出明确规定，使企业涉税流程的各个方面都有章可循、有序进行。比如，提取福利费的依据是应发工资还是实发工资，工资中哪些项目不能作为提取的工资基数，福利费的列支范围具体包括哪些事项，超出范围之外应通过什么方式向上级部门汇报，经批准后才能进行处理等。

**五、涉税制度的监控性**

从某种意义上来说，设计企业内部涉税制度是企业内部财务控制思想的体现，应贯彻在企业内部涉税制度设计的始终。对每项重要经济业务都要安排事前、事中、事后的控制方式，便于及时掌握和归集所需要的信息。对涉税账目列示方式、财务报告的披露方式要进行详尽规定。比如，企业所有者权益非损益性变动、财产盘亏或盘盈、递延资产，预提费用科目的使用，重大资产处置、投资等事项，以及在财务处理前所必须履行的审批手续、需要的支持文件等。必要时，可在企业计财部门设置内部科目与下属单位的固定资产、在建工程等资本性支出项目建立起对应关系，使下属单位的资本性项目支出始终受到有效监控。

设计企业内部涉税制度还应把握三个理念，即流程化的理念、表格化的理念、数据化的理念。

1. 流程化的理念。这里的流程是对涉税管理制度在操作层面上的细化，是一个行为指引，就像高速公路上的指示牌。流程可以描述相关部门和角色的权力和职责，还具有防范相关事项风险的作用。当然，任何流程都具有时效性，是动态的，需要根据周围环境的变化而变化。

2. 表格化的理念。表格化管理是提高管理效率的好方式，是管理循环最直观的表达，是落实制度的重要途径。在涉税制度设计中以表格为载体，用表格化工作语言优化流程，提高工作效率，实现管理创新。

3. 数据化的理念。企业的业绩都是靠数字来衡量的，企业的管理活动离不开数据化管理。数据演示了工作要素的可识别性和可重复性，数据是决策的重要依据。

## 企业涉税制度设计的内容

企业涉税制度涉及企业涉税活动和涉税关系的方方面面，根据企业涉税活动的过程、性质及其相对应的涉税关系，可以将企业涉税制度设计的内容细分为涉税管理体制、涉税基础工作等部分。企业涉税制度的各个部分既密切联系，又相对独立，构成了完整的企业涉税制度体系。其设计内容包括：

1. 明确涉税主体的范围与关系。即要明确企业内部涉税管理的层次，明确企业内部经营单位之间及与企业涉税部门之间的涉税关系，明确企业与联营单位、投资与被投资单位、内部承包单位的涉税关系等。

2. 设置涉税管理组织体系。包括涉税管理体制的确立，涉税机构的设置，涉税管理岗位的设立，各岗位的责权利及其相互衔接关系等。

3. 规范涉税管理的内容与方法。包括货币资金、存货、固定资产、成本管理、销售收入、利润分配等涉税事项的管理内容、管理办法和程序，以及固定资产折旧方法、存货计价方法、费用提取标准等方法的选择。

4. 制定企业内部涉税控制规范。包括资产控制、负债控制、权益控制、涉税风险控制、成本费用控制等内容。

5. 规定企业涉税报告与涉税评价的方法与程序。包括涉税报告与涉税评价的程序、方法和时间，以及各相关部门在涉税评价中的任务和责任等。

## 企业涉税制度设计的要点

企业涉税制度设计是对所设计的涉税制度做出的总体规划，主要包括明确涉税制度设计的性质、目标、范围和依据，规划各分项设计的内容和要求。企业涉税制度设计必然呈现出基本制度与具体制度、具体制度与具体制度之间的区别与联系。涉税制度纲要设计要从整体目标出发，制定的涉税制度既要表现横向的结构性，又要表现纵向的层次性。在制度设计上要全面考虑、综合平衡企业与国家、企业与投资者、企业与内部各部门、企业与员工等利益主体之间的关系，以达到制度设计的科学性与系统性。

1. 要明确涉税制度设计项目的名称及类型。企业涉税制度设计的性质不同，设计的任务、方法也不同。企业涉税制度设计的类型分为全面性设计、局部性设计和修订性设计三种。

2. 要明确涉税制度设计的目标。企业涉税制度设计的目标是企业设计涉税制度所要达到的预期目的，它对整个设计工作具有导向作用。企业涉税制度设计的一般目标可简单归结为：设计适应企业自身特点和管理要求的涉税制度，用以规范企业涉税行为、处理各种涉税关系。涉税制度设计的具体目标一般由企业涉税负责人首先提出，但这时的设计目标比较笼统，一般不能直接作为设计目标。这就要求设计人员接受设计任务后，根据初步提出的目标进行调查研究，将设计目标明确化、具体化。项目设计目标既是指导涉税制度设计工作的基本依据，也是涉税制度评审验收的基本标准。

3. 涉税制度纲要设计要明确设计的范围和内容。不同性质的涉税制度设计，其设计范围及内容有很大差异。如，全面性涉税制度设计的范围比较广泛，内容包括企业的全部税务活动和涉税关系；局部性涉税制度设计则只针对企业涉税活动或涉税关系的某一部分或某几部分进行设计。

4. 明确企业涉税制度的依据。企业涉税制度设计的依据，包括理论依据和实践依据两个方面。前者包括现代涉税理论、企业管理理论以及系统论、信息论和控制论的理论和技术；后者主要体现在：国家财税法规是设计企业涉税制度的基本依据，企业的生产经营特点和管理要求是涉税制度设计的前提和基础，企业的根本利益和涉税目标是涉税制度设计的出发点和归宿，企业涉税人员的业务素质和涉税管理技术手段是涉税制度设计中必须考虑的重要因素。

5. 要提出各分项设计的内容及要求。涉税制度纲要设计提出的分项设计的内容和要求，既是分项设计的依据，也是分项设计评审验收的基本标准。分项设计的内容是指各分项制度设计的具体条目。

6. 编制工作计划。企业涉税制度纲要设计时需要编制设计工作计划，对整个设计工作的人员分工、时间进度等事项作出安排。

## 企业涉税制度设计的注意事项

企业涉税制度设计的具体形式可根据企业的规模、制度内容和管理需要而定，既可以以基本涉税制度的形式为企业设计一个总的涉税制度，也可以按照具体涉税事项、具体涉税内容单独制定若干个单项企业涉税制度。

单项企业涉税制度的设计应根据本企业生产经营活动和管理要求合理确定，有所为有所不为。例如，基建技改活动较多的企业，应单独设计在建工程管理制度，详细规定基建技改项目从可行性研究、立项、施工，到竣工、转资的一系列涉税制度；而没有基建技改活动或基建技改活动较少的企业，可以将在建工程管理并入固定资产管理制度之中；等等。大中型企业由于企业的涉税活动和涉税关系比较复杂，涉税管理职责分工也较为细致，为了方便涉税制度的贯彻执行，应在设计基本涉税制度的基础上，详细制定有关单项涉税制度。各单项涉税制度既要自成体系，又要与整体涉税制度相互连接、成为一体，以确保整个企业涉税制度的完整性和系统性。

企业制定涉税制度，应将国家赋予企业的各项理财自主权落到实处。目前已出台的涉税制度与会计制度，对很多涉税政策、会计政策只是做了一些原则性规定，允许企业根据具体情况进行具体选择。企业在设计涉税制度时，选择的涉税政策与会计政策要严格遵循国家法律法规的规定，凡是国家有硬性规定的条款，企业设计涉税制度时都必须严格遵循，不能超越或突破，这样才能确保国家涉税法规的有效实施。同时，还要满足生产经营的合理需要，并考虑企业的承受能力，保持涉税政策与会计政策的稳定性和连续性。

企业涉税制度的特性体现在涉税制度的适用性上，企业涉税制度是企业业务活动的指南，不同企业的生产规模、经营方式、组织形式、管理理念不尽相同，其涉税活动的方式方法也不可能完全一致。因此，企业涉税制度的设计要“量体裁衣”，既要遵循国家统一规定，也要充分考虑企业自身的生产经营特点和管理要求。这样才能确保设计出来的涉税制度具有较强的适用性和可操作性。

# 企业税务管理体系的设计

## 企业税务管理体系及其影响要素

企业要想实现高效的税务管理，必须建立一个完整、规范、风险可控、适合本企业特点的税务管理体系。税务管理体系是指企业通过建立科学的内部涉税事务管理组织和标准，以完善各环节涉税管理环节，加强税务工作的事前规划、事中控制、事后考核，实现企业税务价值的最大化。

建立企业税务管理体系旨在指导企业合理控制税务风险，防范税务违法行为，依法履行纳税义务，避免因没有遵循税法可能遭受的法律制裁、财务损失、声誉损害、多缴纳税款的利益损失。

企业税务管理体系设计的影响因素有：

**一、企业原有的税务管理体系**

企业在设计税务管理体系前，必须对企业现有的管理制度进行考核，看看企业是否有旧的税务管理体系或者制度。如果没有，税务管理体系的构建反而比较容易，因为就像在一张白纸上画画，画成什么，大家就遵循什么。但如果有旧的税务管理体系，就需要对旧的税务管理体系进行考察，看看是可以在原有的基础上补充和修改，还是需要推倒重来。如果原有的管理体系有部分可以沿用，需要鉴别哪些部分是可用的，哪些是需要删除的，哪些部分需要根据新的情况进行修订。对旧的管理体系的修补，难点就在于原有的企业税务管理人员的重新安排。某些不符合新的岗位要求的员工需要调岗，专业能力达不到标准的员工需要重新培训或辞退。

**二、企业的规模、业务复杂程度和经营区域**

适合的就是最好的。大型企业、中型企业和小型企业所需要建立的税务管理体系肯定是不一样的。专业化经营的企业和多元化经营的企业的税务管理体系也应该是不同的。当一家企业从区域化经营转向全国性经营，甚至走向国际化，其税务管理体系也应该随之变化，才能跟得上企业发展的步伐。

小企业的税务管理主要是以防范违法风险为主。因此小企业的税务管理体系可能以税务风险的防范为核心去建立。但大企业的业务比较复杂，涉及的经营区域也比较广泛，这必然导致企业经营中涉及的税种会较多。而且，每个地区的税收政策不一，这必然会导致企业经营中出现更多的税务风险，但同时也带来了更大的纳税筹划空间。因此，大企业的税务管理体系就应全面地考虑税收管理可能规避的风险和给企业带来的节税收益。在税务管理体系的设计上，应该全面地对企业各项业务的税收水平进行评估，对企业的分布和总体税务水平进行预测、预算、规划，建立更全面的税务管理流程。

**三、企业所处的生命周期**

企业税收管理体系的设计需要考虑企业所处的生命周期。具有不同生命周期的企业，在税务管理体系的设计上，关注的重点会有所不同。

比如，初创企业虽然生机勃勃，但抵抗风险的能力比较弱。此时的企业业务相对单一，纳税筹划的空间不大，所以，税务管理体系的设计应以防范违法风险为主。在经营上，初创企业最常见的问题是资金不足，因此这时的税务管理应重点关注筹资业务。

**四、企业税务管理体系的设计**

根据自身特点以及对税务管理的不同理解，不同企业的税务管理体系不尽相同。综合来看，一个比较系统全面的税务管理框架应该包括三个部分，即税务管理制度、税务管理组织、税务管理流程。

1. 企业税务管理制度。企业税务管理制度规定了企业税务管理的内容，解决了税务管理应该做什么的问题，是制定企业税务管理得以有效实施的保障。税务管理制度必须与企业内部其他管理制度相配套，避免彼此脱节，相互矛盾。同时，税务管理制度要随着企业的发展不断完善、及时调整，避免出现制度建设落后于业务发展、拖经营后腿的现象。

企业税务管理制度的制定首先应该满足税务主管部门依法纳税的要求，主要包括税务登记制度、发票凭证管理制度、纳税申报制度，以保证企业依法纳税。按照规定，企业税务管理制度还应该包括税务风险管理制度和纳税筹划。

2. 企业税务管理组织。企业税务管理组织的建设解决了税务管理工作主要由哪些部门和人员来承担。税务管理组织应该围绕风险可控和税务价值最大化的目标进行设置。对初创期的小企业来说，由于规模较小，业务比较单纯，涉税工作量较少，可以不单独设置税务管理组织，而将其纳入财务部门管理。一些小企业仅在财务部门设置一个分管税务的人员。但当企业进入成长期，规模开始扩大，业务开始变得复杂，而且经营的区域也开始扩展，企业就需要专门的税务部门进行税务管理。

3. 企业税务管理流程。每一项税务管理活动具体应该如何去做，涉及哪些部门和人员，涉及的部门和人员应该做什么，都需要税务管理流程的指导和规范。企业所有的业务都需要流程来驱动。企业税务管理流程的建立包括新建和再造。对企业原来没有的税务管理流程，需要根据实际情况去建立；对企业已有的税务管理流程，则需要根据最新的情况和要求进行再造。而且，随着企业外部环境和自身业务的不断变化，企业的税务管理流程应该不断修改，与时俱进。

## 企业税务管理制度的设计模式

税务管理制度本质上是企业内部管理制度的一部分，不同的企业有不同的要求，具有个性化的特点，并没有一个适用于所有企业的标准。

小微企业在取得一定的发展后，有了不同的业务类型，涉及不同的税种，日常经营中有比较多的涉税业务，企业就需要对常规的纳税事项做出更详细的规定。但由于这时企业的规模还不是很大，纳税筹划的空间也不大，抗风险能力较弱，因此企业制定税务管理制度的目的主要还是防范税法的风险，在部门和人员的设置上也会比较简单。

税务征管模式最终也给企业集团带来一定的税务风险，并贯穿于企业经济决策、业务行为、财务处理及纳税申报等各个环节。企业集团应根据集团与基层单位的具体情况，建立自上而下的决策沟通渠道，并构建一套管控目标、管控主体、风险控制点和管控措施四位一体的税务风险管控框架。

管控目标是企业集团税务风险管控框架的指引，引导企业有目的地进行经济活动。管控目标分为战略目标、审核目标、执行目标及个人目标。

从集团总部到下属基层单位，其中的每一个层次均为不同的管控主体，需要不同层级的主体沟通协作。管控主体应建立一个优秀的企业税务风险管理团队，进一步明确集团及下属单位税务岗位的职责及资格要求，从人才配置的角度提升企业税务管理的水平，这是当代“以人为本”的企业制度的体现。大型企业集团更应当发挥人的主动性，实施人才管理计划。

结合企业集团税务风险的特点和根源，以及相关指标的运用，在风险管控中应把握好以下关键控制点：经济决策控制，决策执行控制，审批、监督机制控制。

管控措施贯穿于税务风险管控的全过程，是实现企业高效风险管控的保障，不仅需要领导层的纳税态度和完善的组织机构一起发挥作用，还需要有制度和人力资源的共同配合。

## 企业税务管理组织建设

建设税务管理体系，税务管理组织机构的建设至关重要。合理的组织结构和人员设置是企业税务管理高效运行的关键。税务管理必须和企业整体管理直接对接，共同运行。因此税务管理组织机构的设立必须考虑和其他企业管理部门的协调配置，实现税务部门和其他部门之间的沟通和合作。

当企业发展到一定规模和阶段，内部一般都需要设置相应的部门和人员来进行税务管理。企业应根据国家税务部门的要求，并结合本企业的实际情况，设立能够满足国家税务管理要求和本企业日常税务管理实际的税务管理组织，并配备合适的人员。

《大企业税务风险管理指引（试行）》中对企业建立税务管理组织提出了一些要求。这些要求也可以作为企业建立税务管理组织的参考。大企业由于税务工作繁多复杂，富有很强的专业性，只有专业的部门和高素质的专业人员才能应付繁杂的税务工作，不出纰漏。税收的处罚往往比较严重，稍有疏忽就会给企业造成重大损失或带来更大麻烦。数额巨大的税收违法行为，还会严重损害企业的公众形象。

企业的税负成本直接导致企业现金的流出，是企业需要扣减的费用项目，在很大程度上影响着企业的效益水平，所以，节税是企业内部挖潜的重要途径。税收在很大程度上影响企业的资金周转和财务状况，只有科学而合理的税务筹划，才能将其对企业经营的影响降到最低。

企业需要结合自身的特点，进行税务管理组织的建设。具体来说，企业建设税务管理组织，需要考虑以下四个因素：

**一、企业发展战略**

企业发展战略对企业的税务管理组织架构有着决定性的影响。如果企业的发展战略远大，一开始就确定了集团化或者国际化的发展思路，那么税务管理就应该高起点。税务管理组织的设置就应该相对健全和复杂。但如果企业只是保守经营，并不谋求太大的发展，则税务管理组织的建设就可以相对简单和固化。

**二、企业规模和税负特征**

企业越小，业务越简单，企业税务管理就越简单，所需建设的税务组织就越简单。有些小企业出于成本效益的考虑，可以将税务管理外包，委托中介机构代理。这样可以节约企业的税务成本。但大企业由于业务比较复杂，涉及的税种多，分公司或子公司所在的地区税收差异较大，在带来了较大的税负弹性的同时，也带来了更大的税务风险。因此，大企业的税务管理组织应设置得相对全面和复杂一些，以应对复杂的税务环境。

**三、企业管理风格和文化**

管理必须讲究整体的协调和各方面的配合。否则，内在的阻力会让管理寸步难行，或者消解管理的效力。企业的任何一项管理都应该和企业的管理风格和企业文化相协调。企业的管理风格分为集权制和分权制。企业税务必须符合企业的管理实际。很多民营企业往往实行集权制，一切由老板说了算，税务管理自然由老板亲自来抓。而对采用分权制的企业，税务管理则可以由相关部门和人员来抓，比如由财务经理或主管财务的副总来抓。

**四、企业的外部环境**

企业的外部环境对税务管理组织建设起着重大作用。在市场经济环境下，成本成了决定企业竞争力的关键因素，企业不得不重视税收成本，因此就更加重视税务管理组织的建设。再如，一家国内企业和一家国际化企业，或者一家主要分公司在欧洲和一家主要分公司在美国的企业，他们的税务管理组织的设置也肯定是不同的，因为不同国家和地区税务环境不同，当地政府对企业的纳税要求也不同。

# 第六章
# 企业经营活动的纳税管理

# 企业商务合同的税务管理

## 商务合同与企业税负

企业在签订经济合同时，涉及税收问题较多，不同的合同签订方式会给合同当事人双方带来不同的税收负担。如果企业能正确理解并运用现行税收法规的规定，就可能节约税款，否则就可能多缴税款。

合同决定业务过程，也是税务风险的主要载体。合同的涉税审核与管理水平直接影响税负的高低。合同内容不同，税负高低就不同。企业要复核现有的业务合同，进行合理的设计和规划。比如，合同中对服务价格的确定、折扣方式的运用、含税价与不含税价的区分、价外费用方式的选择、结算方式的不同等，都可能对企业整体的税负产生影响。又如，在合同中正确表述享受较低税率的业务模式或者可以享受税收优惠政策的经营行为等，也会对企业的税负以及商业利益产生影响。

合同约定与税负高度关联，是企业产生税收的源头，在降低企业税收成本中起着关键和根本性作用。因此，要降低企业的税收成本，关键要从合同签订入手。经济合同的签订者和审核者大多不懂税务，无法权衡合同约定对企业税务的影响，而合同约定既是税务部门判定企业纳税义务的重要依据，也是企业依法避税的重要工具。因此，企业在签订各类经济合同时，必须斟酌合同中有关涉税条款给企业带来的未来税负的多少，考虑合同中有关约定条款的法律有效性，规避不合法条款约定给企业可能产生的未来多交税或漏税的税收风险。

## 利用合同进行节税

利用合同进行节税，即在合同中选择最为合适的交易方式，这种交易方式能够最大限度地为企业节省纳税开支。合同是企业日常交易中最为常用的工具，具有较强的法律效力。合同不仅是交易安全的保障，也可以成为节税的有力武器。很多人在签订合同时只注重法律效力而忽略了税收问题，这样很可能会造成税收额度的增加，也就会相应地减少实际收入。

对企业来讲，尤其是交易额度比较大的企业，每年需要缴纳的税金额度相当大，选择合适的交易方式，能够为企业节省一笔税金开支，还有利于企业养成重视过程、勤于思考的好习惯。同时，企业要想利用合同节税，就必须充分了解税收和税法的相关规定，并结合自己的交易项目和交易对象，针对税法的特点制定相应的措施，从而尽可能地做到合理避税。这也是税收筹划的重要内容之一。

企业采用不同的合同交易方式可以达到相同的目的，但所要缴纳的税金额度会有不小的差距。这样看来，在懂法守法的前提下，要达到一样的效果，可以有不同的途径和解决方式，而其中最能帮助企业减少支出的方案就是最好的方式。利用合同节税，其实就是通过采用最恰当的交易方式来达到减少税金支出的目的。

## 企业商务合同的税务管理

### 一、合同规划的原则

1. 利用合同标的转变业务或行为的性质节税。尽管许多经济业务或经济行为的实际操作一样，但因其合同标的不同，它们的税负承担就大不相同，这表明利用合同转变性质来节税是可能的和有效的。

2. 利用合同改变经济关系节税。企业在生产经营中会形成各种各样的经济关系。关系性质不同，相关业务带来的税负性质就不同。改变这种关系性质，可以带来相关税负的改变。

3. 利用合同标的降低计税基础节税。所谓降低税基，也就是在交易条件不变的前提下，尽可能地使计税依据数额变小，或者不将税率低的和不计税的项目与税率高的项目混在一起计税。

4. 利用合同标的规避部分税负。即当合同的交易内容为多项，且不同项目的税率和税种存在差异时，可以考虑在总交易额不变的前提下，适当提高低税率项目的交易价或交易额，相应降低高税率项目的交易价或交易额，从而使总税负降低。

**二、商业合同的风险控制**

1. 投资合同。主要考虑两方面的因素：一是分散投资是否影响减免税期限长短，二是不同性质的资源投入是否存在税负差异。

2. 购销合同。其影响税负的因素相对较多，如价外费用处理是否加重税负承担，结算方式、发票提供、交易方式、货物验收方式等是否有提前或加重税负的风险。

3. 租赁合同。租赁合同中影响税务的重要因素是，收费项目是否包含转移支付项目而加重自身税负。

4. 资产转让或合作合同。这里主要指不动产、无形资产进行转让交易，或者投资合作等合同约定的情况。其考虑的重要因素是，内容是否可以分割，形式是否可以变换，是否共担风险。

5. 劳务服务合同。主要有工程承包、中介服务、维修服务、技术咨询、运输服务、仓储保管服务、旅游服务、金融保险服务等。这类合同主要涉及的是增值税和所得税。合同约定时考虑的重要因素有，税率差异有无通过性质转换或有无优惠政策而利用的可能，税基扣减额有无增大的可能。

# 企业营销的税务管理

## ◎商业企业不同的促销方式与适用的税收政策

商业企业的促销方式主要有：折扣销售、买一赠一、返还现金、销售折扣等。

不同的促销方式，销售者所缴纳的税金、承担的税负不同，所取得的净收益也有差别。选择合适的促销方式并进行合理的税收筹划，可以减轻企业的税收负担，增加企业的税后利润。

折扣销售又叫商业折扣，是企业最常用的促销方式，通常用“打几折”表示。税法规定，若销售额和折扣额在同一张发票上分别注明，可按折扣后的余额作为销售额计算增值税；若将折扣额另开发票，不论其在会计上如何核算，均不得从销售额中扣除折扣额。因此，在最新的税收法律法规下，折扣销售并不总是使税后净收益最大的方案。

买一赠一的具体做法是在交易中向顾客给付一定数量的免费商品。对此行为，在计算缴纳增值税时，“送一”视同销售行为，应依法缴纳增值税、城建税、教育费附加并代缴个人所得税。国税函〔2008〕875号文件规定：“企业以买一赠一方式组合销售本企业商品的，不属于捐赠，应将总的销售金额按各项商品的公允价值的比例来分摊确认各项的销售收入。”

返还现金是商业企业在销售商品后给予消费者的回扣支出。返还的现金不准予从销售额中减除，应在发生时计入销售费用并准予在企业所得税前扣除，商业企业要代扣代缴消费者获得此返还现金后应缴纳的个人所得税。

销售折扣又称现金折扣，是指销货方在销售货物或应税劳务后，为了鼓励购货方及早付款，而协议许诺给购货方的一种折扣优待。销售折扣发生在销售货物之后，实质上是一种融资性质的理财费用。销售折扣不得从销售额中扣除，应在实际发生时计入财务费用，并准予在企业所得税前扣除。

## 选择符合营销需要的销售方式来节税

### 一、充分利用营销心理需要，以折扣方式促进商品的销售

在会计核算上，区分了现金折扣和商业折扣的不同会计处理，而在税法上规定，不论采用哪种折扣销售方式，如果销售额和折扣额在同一张发票上体现，以销售额扣除折扣额后的余额（净额）为增值税的计税金额；如果销售额和折扣额不在同一张发票上体现，无论企业会计处理如何，均不得将折扣额从销售额中扣除。特别是在商业零售过程中，不少商家为了满足消费者的消费心理需要，采用了促销的手段标明“7.5 折”“6 折”等销售，需要在开具的发票上分别注明销售额、折扣额、实收额，这样才能将实收额作为计算增值税的计税依据。

### 二、巧妙处理兼营和混合销售行为

1. 兼营是两块业务，即主营业务收入和其他业务收入。一种是同一税种但税率不同，另一种是不同税种且税率不同。按照增值税的规定：兼营不同税率的货物或应税劳务，在取得收入后，应分别如实记账，并按其所适用的不同税率各自计算应纳税额。未分别核算的，从高适用税率。兼营非应税劳务的，应分别核算货物或应税劳务和非应税劳务的销售额，不分别核算或者不能准确核算的，其

非应税劳务应与货物或应税劳务一并征收增值税，即货物或应税劳务和非应税劳务的销售额若能分开核算的，则分别征收增值税；不能分开核算的，一并征收增值税。

2. 混合销售行为是一项业务，从事货物的生产、批发或零售为主的企业，在一项销售行为中，发生既涉及货物又涉及非应交增值税劳务的，为混合销售行为，涉及的非应交增值税视为产品的销售，应开具增值税专用发票缴纳增值税。这里的关键是从事的非应税劳务与某一项销售货物或提供应税劳务，如无直接联系和从属关系，分别统计增值税销售额或加工、修理、修配劳务额以及服务性劳务额，则分别计算增值税。如不能分别核算，或不能准确核算货物或应税劳务和非应税劳务销售额的，非应税劳务应与货物或应税劳务一并征收增值税。

### 三、价外费用不要代收

销售时如果有代收的价外费用，应与销售额分别在不同的发票上开具，最好是开具运输方的发票，如果由销售方向购买方收取运输费，则增值税和消费税均规定，凡随同销售货物或提供应税劳务向购买方收取的价外费用，无论其会计制度如何核算，均应并入销售额计算应纳税额。价外费用应视为含增值税收入，在征税时换算成不含增值税收入再并入销售额来计算增值税或消费税。

### 四、赊销时多采用商业汇票结算方式

在赊销时，尽量采用商业汇票，尤其是在收取银行承兑汇票时，可开具增值税专用发票。因为银行承兑汇票具有极强的融资功能，持票人急需资金或为了规避财务风险，既可以向开户银行申请贴现，也可以向供货单位背书转让票据，同城异地结算均可使用，并且贴现后将风险转嫁给了银行。选取银行承兑汇票结算，可以降低乃至避免采取托收承付结算中货物已发出，却难以及时、足额收到货款等风险的发生。

若收取的是商业承兑汇票，持票人需要资金时，承兑人作为付

款人，付款保证程度视企业的信誉高低而定，商业银行、被背书人接受票据的难易程度也视承兑人的信誉而定。相比较商业承兑汇票的付款保证性没有银行承兑汇票高，同城异地结算均可使用。

企业还需要分析购货方等对方的资金承兑能力，因为若票据到期，付款方无力支付，则银行要将此票据转回贴现方，收款方又由应收票据转为应收账款，此时容易导致坏账的产生，而销售收入不得不确认，照样计算增值税。

### 销售的税务管理

销售收入的大小不仅关系到当期流转税额，也关系到企业所得税额，是影响企业税收负担的主要因素。企业销售过程中需要注意以下税收问题：

1. 销售实现方式的税务管理。销售方式多种多样，总体上主要有两种类型：现销方式和赊销方式。

2. 促销方式的税务管理。让利促销是商业企业在零售环节常用的销售策略。常见的让利方式包括打折销售、购买商品赠送实物和购买商品赠送现金等。

3. 特殊销售行为的税务管理。企业多元化经营必然造成企业的兼营和混合销售，税法对兼营与混合销售、视同销售等经营行为做了比较明确的规定，企业如果能在经营决策前做出合理筹划，就可以减少税收支出。

# 企业筹资融资的税务管理

## 债务筹资的税务管理

进行筹资决策时，企业必须计算资金成本。税收是影响企业资金成本的重要因素，因此有必要对筹资过程中涉及的税务问题进行研究，以便使筹资决策更加科学合理。企业债务筹资方式多种多样，从单一地向银行贷款逐渐发展到向其他企业借款、发行债券、租赁等多种形式。

1. 银行借款的税务管理。银行借款的资金成本主要是利息，利息可以税前扣除，所以具有抵税作用。企业可以通过选择不同的还本付息方式来减轻税负，以不同还本付息方式下的应纳所得税总额为主要选择标准，应纳所得税总额最小的优先考虑，同时将不同还本付息方式下现金流出的时间和数额作为辅助判断标准。

2. 发行债券的税务管理。根据税法规定，债券利息可以在税前列支。企业债券的付息方式有定期还本付息和分期付息两种方式。当企业选择定期还本付息时，在债券有效期内享受债券利息税前扣除收益，同时不需要实际付息，因此企业可以优先考虑选择该方式。

3. 企业间资金的税务管理。企业间资金借用一般应通过合法的金融机构进行，在利息计算及资金回收等方面与银行贷款相比有较大弹性和回旋余地。此种方式对设有财务公司或财务中心（结算中心）的集团企业来说，税收利益尤为明显。企业集团的财务公司或财务中心能起到“内部”银行的作用，利用集团资源和信誉优势实现整体对外筹资，再利用集团内各企业在税种、税率及优惠政策等方面的差异，调节集团资金结构和债务比例，既能解决资金难题，又能实现集团整体税收利益。

4. 借款费用的税务管理。企业发生的借款费用多数可以直接税前扣除，但有些借款费用则需要计入资产成本，分期扣除。如企业为购置、建造固定资产、无形资产和经过 12 个月以上的建造才能达到预定可销售状态的存货发生借款的，在有关资产购置、建造期间发生的合理的借款费用，应当作为资本性支出计入资产成本。

5. 租赁的税务管理。租赁也是企业减轻税负的重要方法，分为融资租赁和经营租赁。对承租人来说，经营租赁的租金可以在税前扣除，减少税基从而减少应纳税额。融资租赁资产可以计提折旧计入成本费用，降低税负。

## 权益筹资的税务管理

1. 发行股票的税务管理。当企业决定采用发行股票的方式筹集资金时，需要考虑发行股票的资金成本。发行股票所支付的股息不能直接在税前扣除，只能从企业税后利润中支付，同时还需要考虑股票发行过程中存在的评估费、发行费、审计费、公证费等中介费用的税务问题。

2. 留存收益筹资的税务管理。企业通过留存收益筹资可以避免收益向外分配时存在的双重纳税问题，因此，在特定税收条件下它是一种减少投资者税负的手段。

3. 吸收直接投资的税务管理。企业通过吸收直接投资筹集到的资金构成企业的权益资金，其支付的红利不能在税前扣除，因而不能获得税收收益。企业吸收直接投资时应考虑自身的资本结构，衡量权益融资和债务融资的资金成本，实现合理降低税负的目的。

# 收益分配的税务管理

## 企业所得税的税务管理

应纳税所得额的合理确定是应交所得税筹划的关键。所得税税收筹划需要注意以下问题：

1. 应税收入的税务管理。企业已经发生的销售业务，其销售收入应适时入账。不应该归入收入类账目的销售业务，不能入账；尚未发生的销售业务，不应预先入账。

2. 不征税收入和免税收入的管理。企业应积极利用不征税收入和免税收入的规定，降低税负。

3. 税前扣除项目的税务管理。对扣除项目进行筹划是企业所得税筹划的重点。企业应在税法允许的范围内，严格区分并充分列支业务招待费、广告费和业务宣传费等，做好各项费用的测算和检查，用足抵扣限额。

4. 企业所得税优惠政策的管理。企业应充分利用投资地点、投资方向等优惠领域进行税收策划，以获取税收优惠，降低税负水平。

## 亏损弥补的税务管理

据《中华人民共和国企业所得税法》规定，企业纳税年度发生的亏损准予向以后年度结转，用以后年度所得弥补，但弥补期限最长不得超过五年，五年内不论是盈利还是亏损，都作为实际弥补年限计算。

税法关于亏损弥补的规定为纳税人进行税收筹划提供了空间，纳税人可以充分利用亏损结转的规定，尽可能早地弥补亏损，获得税收利益。

### 股利分配的税务管理

股利分配是企业向股东分派股利，是企业利润分配的一部分。股利分配常见的方式有现金股利和股票股利。

股利分配涉及的税收事项主要包括是否分配股利以及采取何种股利支付方式。对企业来说，它会影响企业的市场形象和未来价值；对股东来说，获得股利的股东需要缴纳个人所得税。企业在分配股利时，财务管理人员应该注重税收对股东财富的影响，合理选择股利支付方式，增加股东财富。

# 企业薪酬福利的税务管理

## ◎ 员工薪酬待遇与税负差异

企业劳资双方在利益分配上具有“此消彼长”的对立关系，缓解这一内在矛盾的一个有效措施，就是正确处理员工薪酬福利的节税筹划问题。因此，企业老板必须熟悉个税扣缴的相关政策规定，了解不同薪酬福利方式的税负差异，掌握个税节税的基本思路。

薪酬税务管理的基本要求是，在尽可能让员工得到实惠的同时，降低企业的人力资源成本，实现员工和企业双赢。

### 一、工资、薪金所得与劳务报酬所得的税负差异

工资、薪金所得是指个人因任职或者受雇而取得的工资、薪金、奖金、年终加薪、劳动分红、津贴、补贴，以及与任职或者受雇有关的其他所得。一般来说，工资、薪金所得属于非独立个人劳动所得。非独立劳动是指个人所从事的是由他人指定、安排并接受管理的劳动，工作或服务于公司、工厂、行政机关、事业单位的人员均为非独立劳动者。他们从上述单位所取得的劳动报酬，是以工资、薪金的形式体现的。在这类报酬中，工资和薪金的收入主体略有差异。通常情况下，把直接从事生产、经营或服务的劳动者（工人）的收入称为工资，而将从事社会公职或管理的劳动者（公职人员）的收入称为薪金。工资、薪金常合并为一个项目计征个人所得税。工资、薪金所得适用的是3%~45%的九级超额累进税率。

劳务报酬所得是个人独立从事某种技艺，独立提供某种劳务而

取得的所得。工资、薪金所得则是个人从事非独立劳动，从所在单位领取的报酬。后者存在雇用与被雇用的关系，而前者则不存在这种关系。如果从事某项劳务活动取得的报酬是以工资、薪金形式体现的，如演员从剧团领取工资，教师从学校领取工资，就属于工资、薪金项目，而不属于劳务报酬范围。如果从事某项劳务活动取得的报酬不是来自聘用、雇用或工作单位，如演员自己“走穴”或与他人组合“走穴”演出取得的报酬，教师无须经政府有关部门批准举办学习班、培训班取得的办班收入或讲课报酬收入，就属于劳务报酬的范围。劳务报酬所得适用的是 20% 的税率，且对于一次收入畸高的，可以加成征收。

相同数额的工资、薪金所得与劳务报酬所得适用的税率不同，有些时候将这两种收入合并就会节约个人所得税，因而对其进行合理的筹划具有一定的可能性。

将劳务报酬转化为工资、薪金所得，这种节税方法原理在于应纳税所得额较少时，工资、薪金所得适用的税率比劳务报酬所得适用的税率低，因此，可以在可能的时候将劳务报酬所得转化为工资、薪金所得。

**二、雇员与非雇员的税收待遇差异**

雇员有两种形式：一种是具有“雇佣关系”的员工（雇员）；另一种属于“非雇佣关系”的临时人员（非雇员）。一些企业由于操作上的失误，其雇员往往被税务机关认定为非雇员，从而导致了税收上的损失。

由于“非雇员”为企业临时提供劳务，在提供劳务后，应到税务机关开具发票，并按规定缴纳税收。企业凭税务机关开具的正式发票，作为原始凭证入账，并支付劳务费。在计算企业所得税时，这部分劳务支出按规定可以获得税前扣除。

由于企业与雇员存在雇佣关系，因此企业对员工的工资支出，可以凭自制凭证作为合法原始凭证入账。当员工的月工资超过了税法规定的免征额时，企业应代扣代缴个人所得税。在计算企业所得税时，也将签有劳务雇用合同的临时人员列入计算计税工资员工人数的范围。

**三、工薪支出与福利待遇的税负有差异**

对员工而言，企业给员工增加工资，需要缴纳个人所得税；而企业提高员工的福利待遇，多数情况下享受免税待遇。所以，提高福利可使员工得到更多实惠。对企业而言，在规定标准以内的工资和福利开支，都可以在税前扣除，税负没有差异。问题是很多福利开支与日常经营性支出是难以区分的，让一些企业可能“鱼目混珠”，将部分福利开支列入经营性支出，进而使员工获得实惠，且企业税负也可获得相应减轻。

税法对福利开支有着严格的规定。《中华人民共和国个人所得税法》规定，福利费免征个人所得税。免征个人所得税的福利费是指根据国家有关规定，从企业、事业单位、国家机关、社会团体提留的福利费或者工会经费中支付给个人的生活补助费。同时，税法对福利费的免税范围有严格界定，个人取得的工资、薪金收入包括现金、实物和有价证券，以及通过“应付福利费”给员工发现金、发实物的做法不能起到节税的作用。但是，企业可以通过其他途径来提高员工的福利待遇，比如，提供交通便利、提供免费午餐、为单身职工提供宿舍、参加社会保险、提供教育福利、增加带薪假期和免费出游等。通过提高多种形式的福利，让员工得到更多的实惠，既减少了员工应纳的个人所得税，又提高了企业的凝聚力。

## 企业薪酬税务管理

在不违反国家税收政策的前提下，企业可以充分运用纳税优惠政策合理节税避税，为员工减轻税负。

**一、绩效工资均量发放的避税策略**

我国的个人所得税对工资、薪金所得采用九级超额累进税率，随着应纳税所得额的增加，其适用的税率也随之攀升，因此，员工在某个时期的收入越高，其相应的个人所得税税收比重就越大。如果某个纳税义务人的工资、薪金类收入极不平均，相对于工资、薪金收入非常平均的纳税义务人而言，其缴纳税收的比重更大。此时，对工资、薪金的筹划可采用平均分摊法。

在某些受季节或产量等方面因素影响的特定行业，如采掘业、远洋运输业、远洋捕捞业及财政部规定的其他行业，在其职工工资收入波动幅度较大的情况下，合理调节奖金发放的时间，能为员工节税，提高其实际收入水平，从而提高员工的工作积极性。

**二、调整年终奖的发放时间与发放比例避税**

企业可根据实际情况调整年终奖的发放时间以及年终奖与工资的比例，以达到节税目的。

年终奖发放时间和与薪酬比例上的纳税调整既要考虑每月工资的税率，又要考虑年终奖的税率，任何一方税率过高都不能达到节税的目的。一般来说，在月薪高于个税起征点的情况下，将工资和年终奖的比例调整至两者的个税税率比较接近时，节税效应最明显。

当通过核算发现工资适用税率大于年终奖适用税率时，可通过降低工资适用税率，将部分工资转化为年终奖，适当提高年终奖的适用税率，使职工税负最低、税后收入最大。当工资适用税率小于年终奖适用税率时，可提高工资适用税率，将部分年终奖转化为工资，适当提高工资的适用税率，降低年终奖的适用税率，寻求职工税负最低、税后收入最大的筹划方案。

**三、薪酬福利化的避税策略**

在既定工薪总额的前提下，企业可以为员工支付一些服务费用，并把这部分费用从应付给员工的货币工资中扣除，减少员工的货币工资。企业可以把这些费用作为福利费、教育经费、工会经费支出，分别按照计税工资总额的相应比例在税前扣除，这样既既少了企业所得税应纳税所得额负担，又为员工提高了实际可支配收入。

企业采用薪酬福利化避税策略，既减少了所得税的应税负担，又让员工得到了实惠。可供选择的免税福利有：提供免费的工作餐，且必须是不可转售的餐券；提供上下班交通工具或车辆；提供宿舍；提供补充的养老保险或企业年金；多缴纳住房公积金；提供根据劳动合同或协议确定的公用福利设施等；提供员工继续教育经费或其他培训机会；提供员工子女教育基金或奖学金。

不具备提供上述福利能力的企业可根据企业实际情况，给予员工在教育、交通、通信、子女医疗等方面一定的报销幅度，也可达到员工薪酬福利化，但各项福利列支应为政策准许。

**四、避开无效纳税区间的节税策略**

现行税法中存在九个无效纳税区间。这些无效纳税区间有两个特点：第一个特点是，相对于无效区间减去 1 元的年终奖金额而言，随着税前收入增加税后收入不升反降或保持不变；第二个特点是，每个区间的起点都是税率变化相应点。筹划人员在选择年终奖时，一方面要避开无效区间，另一方面应尽量选无效区间的起点减去 1 元后的余额作为年终奖最佳金额，如选 6000 元、24000 元、60000 元、240000 元等。因为按照这些金额纳税，其适用税率较低。

**五、用足国家税收政策的节税策略**

国家规定的税前优惠扣除项目有：独生子女补贴；托儿补助费；按国家规定发放的差旅费津贴、误餐补助；冬季取暖补贴；夏季防暑降温费；按规定标准缴纳的社保和住房公积金；按照规定发给干部职工的安家费、退职费、退休工资、离休生活补助费等；生育妇女按照县级以上政府根据国家有关规定制定的生育保险办法，取得的生育津贴、生育医疗费或其他属于生育保险性质的津贴、补贴；个人与用人单位因解除劳动关系而取得的一次性经济补偿收入，相当于当地上年职工平均工资 3 倍数额以内的部分；个人将其所得通过中国境内的社会团体、国家机关向教育和其他社会公益事业以及遭受严重自然灾难的地区、贫困地区捐赠的，应纳税所得额30%以内的捐赠额。

上述优惠政策有很大的节税空间，只要是符合国家和当地财税法规规定的名目和额度范围以内的部分，都可在税前扣除或采取符合规定的发票报销的方式节税。薪酬管理者必须对国家和当地的法规有充分的了解，并和当地税务机构保持联系，对符合规定的税前项目进行备案登记，为员工节税。

**六、转换劳务与薪酬的避税策略**

工资、薪金所得适用3%~45%的九级超额累进税率；劳务报酬所得适用20%的税率，而且对一次收入畸高的，实行加成征收。劳务报酬实际相当于适用20%、30%、40%的超额累进税率。

可见，相同数额所得视其收入性质不同而适用的税率是不一样的。在应纳税所得额较小时，工资、薪金所适用的税率比劳务报酬所得适用的税率低，因此在可能时将劳务报酬所得转化为工资、薪金所得，必要时可以将其和工资、薪金所得合并纳税。在有些情况下，将工资薪金所得转化为劳务报酬所得更有利于节税。

在运用劳务与薪酬的转换避税策略节税时，要征得员工的同意，并考虑企业的实际情况，只有在劳动关系介于两者之间，且双方都同意，不会有其他劳动纠纷时才可采用，否则会产生逃避纳税的嫌疑风险，或导致其他劳动纠纷。

**七、重奖员工的避税策略**

为了奖励业绩特别显著的少数人员，企业常实行重奖制度。由于数额较大，个人所得税负担也较重。例如，某公司奖励一名业绩显著的研发团队主管40万元奖金。如果这40万元奖金当成一个月工资所得缴纳个人所得税，税额为:（400000−5000）×45%−15160=162590（元），如果将这40万元奖金当成年终一次性奖金计算个人所得税，税额为：400000×25%−2660=97340（元）。可见，薪酬激励只有与纳税筹划相结合，才能实现薪酬效能的最大化，达到激励员工的目的。

企业可以购置价值相当的汽车作为奖励，汽车的使用权一开始就归员工，所有权则先归公司，企业与员工签订一份合同，约定汽车费用和责任保险的归属，并约定一定年限（比如五年），期满后再以二手车价格出售给该员工（出售价格可在员工本来应纳的税额如 97340 元内酌情考虑）。这样，在合同期满前，车辆所有权仍然属于企业，可以作为企业的固定资产计提折旧和列支相关项费用；一定年限后，企业将车卖给个人，个人获得所有权，从中可得到实惠。这种方式既减轻了企业的负担，又使员工得到了真正的奖励实惠。

**八、合理避税应注意的问题**

避税操作因为涉及法律、经济、企业内部公平和员工的心理因素，操作时要特别注意：纳税的首要前提是合法，避税必须在法律许可范围内进行。企业老板必须充分了解国家相关法律法规，并和当地税务机关保持密切联系，有关避税处理需要备案的必须到税务机关登记备案。要整体考虑避税的效果，主要从经济效果上考虑避税，也就是节税，但员工的工作积极性并非仅靠避税就能长久保持，激励制度必须和企业的实际情况、员工的心理需求相配套。不能单一为了节税而改变薪酬发放方式，要通盘考虑，只有在不改变员工工作积极性的前提下才可以考虑避税操作。避税操作要征得员工本人的同意，当员工主观上没有避税需要时，不建议为其避税。

# 企业税务会计的管理

## 规范会计核算，防范税务风险

在企业日常会计核算中，下列事项容易涉及税务风险：

1. 按照《中华人民共和国个人所得税法》及国家税务总局的有关规定，以下事项视同股东从企业分得了股利，必须代扣代缴个人所得税，相关费用不得计入企业成本费用，从而给企业带来额外的税赋：①企业出资购买房屋、汽车，权利人却写成股东，而不是付出资金的单位；②账面上列示股东的应收账款或其他应收款；③成本费用中的企业费用与股东个人消费混杂在一起不能划分清楚。

2. 以下事项均涉及企业所得税未按规定计征，在税务稽查时会带来补税、罚款及加收滞纳金的风险：①外资企业仍按工资总额的一定比例计提应付福利费，且年末账面保留余额；②未成立工会组织的，仍按工资总额一定比例计提工会经费，支出时也未取得工会组织开具的专用单据；③不按计税标准规定计提固定资产折旧，在申报企业所得税时又未做纳税调整，有的企业存在跨纳税年度补提折旧的情况；④生产性企业在计算成品成本、生产成本时，记账凭证后未附料、工、费耗用清单，无计算依据；⑤计算产品（商品）销售成本时，未附销售成本计算表；⑥在以现金方式支付员工工资时，无员工签领确认的工资单，工资单与用工合同、社保清单三者均不能有效衔接；⑦开办费用在取得收入的当年全额计入当期成本费用，未做纳税调整；⑧未按权责发生制的原则，随意计提期间费用，或在年末预提无合理依据的费用；⑨商业保险计入当期费用，未做纳税调整；⑩生产性企业原材料暂估入库，把相关的进项税额也暂估在内，若该批材料当年耗用，对当年的销售成本造成影响；⑪员工以发票定额报销，或采用过期票、连号票或税法限额报销的发票，造成这些费用不能税前列支；⑫预收款项挂账多年，企业未做纳税调整。

3. 下述事项均涉及企业增值税未按规定计提销项税、进行进项税转出及有关增值税的其他核算，在税务稽查时会带来补税、罚款及加收滞纳金的风险：①增值税的核算不规范，未按规定的产品分项分栏目记账，造成增值税核算混乱，给税务检查时核实应纳税款带来麻烦；②运用“发出商品”科目核算发出的存货，引起缴纳增值税时间上的混乱，按照增值税条例规定，商品（产品）发出后，即负有纳税义务（不论是否开具发票）；③研发部领用原材料、非正常损耗原材料，原材料所负担的进项税额并没有做转出处理；④销售废料，没有计提并缴纳增值税；⑤对外捐赠原材料、产成品没有分解为按公允价值对外销售及对外捐赠两项业务处理。

4. 其他。如公司组织员工旅游，直接作为公司费用支出，未合并入工资总额计提并缴纳个人所得税。很多公司财务人员忽视了印花税的申报，印花税的征管特点是轻税重罚。还有的忽视了房产税的申报，关联方提供办公场地、生产场地给企业使用，未按规定申报房产税，在税务稽查时会带来补税、罚款及加收滞纳金的风险。

企业可针对以上的税收筹划涉税风险，进行风险防范策略的制定。在策略制定过程中，关键原则是要保证能够有效控制风险，实现筹划目标。企业的税收筹划可以从以下几方面进行：

1. 聘请税收筹划方面的专家，对现有的税收筹划人员要进行新老更替和专业化培训，提高税收筹划人员素质，建立专业化的税收筹划团队。对企业现有的税收筹划方案进行评价和分析，确定其合理性，提高实训效果。

2. 将税收筹划工作进行服务外包，委托一些税务、财务服务公司开展税收筹划工作，并通过合同约定进行筹划工作责任的确定，这样有利于降低企业税收筹划的风险。

3. 制定税收筹划方案要具有实效性和可行性，了解企业的实际情况，保证企业具有执行筹划方案的能力。基于此，企业可以进行方案制定之后的审核，审核时要各部门参与，并增加其知情权和意见反馈，以利于更好地落实税收筹划方案。

## 规范收入确认，及时作出纳税调整

收入的确认是影响企业经营利润的重要因素，为合理准确地计算利润，企业必须对收入确认进行严格的规范。收入确认应遵循的基本原则有权责发生制原则、稳健性原则、收入与费用配比原则等。

收入确认应符合以下条件：

1. 企业已将商品所有权上的主要风险和报酬转移给购货方。

2. 企业既没有保留通常与所有权相联系的继续管理权，也没有对已售出的商品实施控制。

3. 与交易相关的经济利益能够流入企业。

4. 相关的收入和成本能够可靠地计量。

以上四项具体标准缺一不可，不满足其中之一的收入都必须推迟确认。

对于纳税调整，很多财税人员对收入类项目调整的关注度往往不及对成本、费用类项目调整的关注度。而事实上，收入类项目调整的金额较大，其常见问题如下：

1. 延迟确认会计收入。企业很容易因未及时确认会计收入而造成少计纳税收入。一些企业预收账款科目金额很大，对应合同、发货等情况，该预收账款应确认为会计收入，当然亦属于纳税收入。

在企业汇算清缴工作中，由于延迟确认了会计收入，忽略了该事项的纳税调整，从而造成了少计企业应纳税所得额的结果。

2. 视同销售不进行纳税调整。视同销售在会计上一般视同销售收入，企业需要进行纳税调整。企业在进行该收入类项目调整时，容易出现漏项。企业发生非货币性资产交换以及将货物、财产、劳务用于捐赠、赞助、集资、广告、样品、职工福利和利润分配时，应将其视同销售货物、转让财产和提供劳务，国务院财政、税务主管部门另有规定的除外。有的企业将自产产品用作礼品送给他人或作为职工福利，并在账务上做借记管理费用。上述事项，不仅属于增值税视同销售行为，而且属于企业所得税视同销售行为，企业所得税汇算清缴时应进行纳税调整。

3. 财政补贴收入不进行纳税调整。对于国家政府部门给予企业的各种财政性补贴款项，根据不同情况，可能是免税收入，也可能是不征税收入，还可能是应税收入。企业容易忽视的调整项目主要有：不合规票据列支成本、费用，不进行纳税调整；企业以无抬头、抬头名称不是本企业、抬头为个人、以前年度发票，甚至假发票为依据列支成本、费用，这些费用违反了成本、费用列支的真实性原则，应当进行纳税调整。

4. 未实际发放工资不进行纳税调整。能够在企业所得税税前列支的工资必须是企业实际发生的、合理的工资，企业计提而未实际发放的工资不能够税前列支，应进行纳税调整。不少企业对产品成本的归集、核算、结转不符合《企业会计准则》的规定，也就不符合税法的规定。成本结转金额违反真实性原则，应进行纳税调整。

### 建立企业税务管理台账

现行税收政策要求企业对一些特定涉税事项设置专门台账。这些台账有些是针对所有纳税人的，有些只针对特定纳税人。在实际工作中，不少单位重税款计算，轻台账管理；重会计账簿，轻税收台账，从而为企业自身埋下税务风险。

以下税收台账是税务管理要求必须设置的：

1. 所有纳税人均需建立发票登记簿。开具发票的单位和个人应当建立发票使用登记制度，设置发票登记簿，并定期向主管税务机关报告发票使用情况。开具发票的单位和个人应当在办理变更或者注销税务登记的同时，办理发票和发票领购簿的变更、缴销手续。开具发票的单位和个人应当按照税务机关的规定存放和保管发票，不得擅自损毁。已经开具的发票存根联和发票登记簿，应当保存五年；保存期满，报经税务机关查验后销毁。

2. 加油站必须建立销售油品台账。加油站必须按规定建立《加油站日销售油品台账》登记制度。加油站应按日登记台账，按日或交接班次填写，完整、详细地记录当日或本班次的加油情况，月终汇总登记《加油站月销售油品汇总表》。台账须按月装订成册，按会计原始账证的期限保管，以备主管税务机关检查。

3. 不动产和不动产在建工程台账。纳税人应建立不动产和不动产在建工程台账，分别记录并归集不动产和不动产在建工程的成本、费用、扣税凭证及进项税额抵扣情况，留存备查。用于简易计税方法计税项目、免征增值税项目、集体福利或者个人消费的不动产和不动产在建工程，也应在纳税人建立的台账中记录。

4. 房地产开发企业土地价款扣除台账。一般纳税人应建立台账登记土地价款的扣除情况，扣除的土地价款不得超过纳税人实际支付的土地价款。

5. 提供建筑服务预缴税款台账。对跨县（市、区）提供的建筑服务，纳税人应自行建立预缴税款台账，区分不同县（市、区）和项目逐笔登记全部收入、支付的分包款、已扣除的分包款、扣除分包款的发票号码、已预缴税款以及预缴税款的完税凭证号码等相关内容，留存备查。

6. 加速折旧购进固定资产台账。企业应将购进固定资产的发票、记账凭证等有关资料留存备查，并建立台账，准确反映税法与会计差异情况。

7. 研发费用台账。企业应当明确研发费用的开支范围和标准，严格审批程序，并按照研发项目或者承担研发任务的单位，设立台账归集核算研发费用。对享受加计扣除的研发费用按研发项目设置辅助账，准确归集核算当年可加计扣除的各项研发费用实际发生额。企业在一个纳税年度内进行多项研发活动的，应按照不同研发项目分别归集可加计扣除的研发费用。

8. 残疾人税收优惠政策台账。税务机关和纳税人应当建立专门管理台账。在征管软件修改前，主管税务机关和纳税人都要建立专门管理台账，动态掌握纳税人年度退、减税限额及残疾人员变化等情况。

9. 印花税应纳税凭证登记簿。纳税人应当如实提供、妥善保存印花税应纳税凭证等有关纳税资料，统一设置、登记和保管《印花税应纳税凭证登记簿》，及时、准确、完整记录应纳税凭证的书立、领受情况。未按规定建立印花税应税凭证登记簿，或未如实登记和完整保存应税凭证的，地方税务机关可以核定纳税人印花税计税依据。

10. 合同能源管理项目有关资产辅助账。用能企业对从节能服务公司取得的与实施合同能源管理项目有关的资产，应与企业其他资产分开核算，并建立辅助账或明细账。

# 第七章
# 企业纳税筹划及其途径

# 事前纳税筹划的实质：合理节税避税

## ◌ 纳税筹划的概念

纳税筹划是纳税人为了减轻税收负担和实现涉税零风险而采用非违法手段，对自己的经济活动进行筹划安排的总称。它的主体是纳税人，是关于纳税事务的各种筹划。它的范围仅限于对自身经济活动所涉及的纳税事项，主要内容包括转嫁筹划、节税筹划、避税筹划、涉税零风险筹划。

转嫁筹划是纳税人为了达到减轻税负的目的，通过价格调整和变动，将税负转嫁给他人承担的经济行为。

避税筹划是纳税人采用非违法手段，利用税法中的漏洞、空白获取税收利益的筹划。其前提是纳税人对税法的认真研究，并在条文形式上对法律予以尊重，这与偷逃税有着本质区别。

节税筹划是纳税人在不违背立法精神的前提下，充分利用税法中固有的起征点、减免税等一系列的优惠政策，通过对筹资、投资以及经营活动的巧妙安排，达到少缴税甚至不缴税的目的的行为。

涉税零风险是指纳税人账目清楚、纳税申报正确、税款缴纳及时、足额，不会出现任何税收方面的处罚。通常认为，企业或个人运用各种手段直接减轻自身税负的行为，就是纳税筹划。其实，这种认识是很有局限性的。因为除纳税人减轻税负外还有一种状态，在这种状态下，纳税人虽然不会直接获得任何税收上的收益，但可以避免涉税损失的出现，这也相当于实现了一定的经济利益。涉税零风险的实现，更有利于企业的长远发展和规模扩大。

### 企业纳税筹划的原则

现在每个行业竞争都很激烈，每个老板都想降低企业成本费用，以增加企业利润，让企业生存得更好。要想降本增效，就需要老板提前做好企业的纳税筹划。

低层次的企业纳税筹划是简单利用现行税收政策的缺陷、不足和漏洞。高层次的企业纳税筹划是充分理解和运用国家给予的各项税收优惠政策。

通过纳税筹划，纳税人充分利用国家或地方给予的各项税收优惠政策，积极为本企业申请减免税，合法降低企业成本。这是真正意义的“合理避税”。

纳税筹划至少遵循四大原则：

**一、合法或不违法原则**

进行合理纳税筹划应该以现行税法及相关法律、国际惯例等法律为依据，在熟知税法规定的前提下，利用税制构成要素中的税务弹性进行纳税筹划，选择最优的纳税方案。纳税筹划的最基本原则或最基本特征是符合税法或不违反税法，这是区别于偷税、逃税、欠税、骗税、抗税的关键。

**二、保护性原则**

大部分税种的税率、征收率不是单一税率，有的税种还有不同的扣除率、出口退税率。纳税人要避免多缴税款，在兼营不同税种、不同税率的货物、劳务时，在出口活物时，在同时经营应税或免税货物时，要按不同税率（退税率）分别设账、分别核算；在有混合销售行为时，要掌握计税原则。

纳税人在纳税筹划过程中，清楚地把握事物变化的关键点，做好对事物的定性判断，尤为重要。如果能针对不同的时间相机而动，恰如其分地制定纳税筹划策略，会使企业的纳税筹划截然不同。

**三、时效性原则**

时效性原则体现在充分利用资金的时间价值上，如销售收入的确认、准予扣除项目的确认、增值税税额的确认与抵扣时间、销售与销项税额的确认时间、进口退税申报时间、减免税期限等，都有时效性问题。再则，程序性税法与实体性税法如有变动，遵循“程序从新、实体从旧”的原则也属于时效性问题。

**四、整体综合性原则**

进行一种税的纳税筹划时，要考虑与之相关的其他税种的税务效应，进行整体规划。即所谓综合衡量，以求整体税务最轻、长期税负最轻。从小的方面说，眼睛不能只盯在个别税种的税负高低上，一种税少缴了，另一种是否可能多缴？要着眼于整体税负的轻重。

## 纳税筹划的目的

合理纳税筹划可以在两个层面上进行，一是在企业目前既定的组织结构和经营条件下，在日常经营活动中，通过对收入、资产、费用等的会计确认、计量和记录方法的选择，以及对投资和融资方式的规划，实现减轻税负、提高盈利水平的目标。二是利用税收优惠政策，通过企业兼并重组等方式，实现减轻税负、增加企业营运资金和资本扩张的目的。

纳税筹划的目的，概言之就是减轻企业负担、争取税后利润最大化，其外在表现是纳税最少、纳税最晚、涉税零风险，即实现“经济纳税”。为实现纳税筹划的基本目标，可将纳税筹划目标细化，具体可分为：

## 一、恰当履行纳税义务

恰当履行纳税义务是纳税筹划的基础目标，旨在规避纳税风险、规避任何法定纳税义务之外的纳税成本的发生。为此，纳税人应做到纳税遵从，因为税收具有强制性，如果偏离了纳税遵从，企业将面临纳税风险。税制又具有复杂性、频变性，这就意味着纳税义务不能自动履行，即纳税人必须不断学习，及时、正确地掌握现行税法，并随之进行相应的筹划，才能恰当履行纳税义务。

## 二、纳税成本最低化

纳税人为履行纳税义务，必然会发生相应的纳税成本。纳税成本包括直接纳税成本和间接纳税成本。前者是纳税人为履行纳税义务而付出的人力、物力、财力，后者是纳税人在履行纳税义务过程中所承受的精神负担、心理压力等。直接纳税成本容易确认和计量，间接纳税成本则需要估算或测算。纳税成本的降低，除与纳税人应不断提高纳税能力、增强纳税成本意识等主观因素有关外，还与税制、征管人员素质、征管手段、征管方式等有直接关系。同时，纳税人纳税成本的降低会使企业利润增加，从而增加应税所得额。

## 三、实现纳税零风险

实现纳税零风险是指纳税人账目清楚，纳税申报正确，缴纳税款及时、足额，不会出现任何关于税收方面的处罚，即在税收方面没有任何风险，或风险极小可以忽略不计的一种状态。纳税人通过一定的筹划安排，使纳税人处于一种涉税零风险状态，也是纳税筹划应达到的目标之一。

## 四、税收负担最低化

税收负担最低化是企业纳税筹划的最高目标。它是一种积极的、进攻型的纳税筹划目标。现代纳税筹划应该服从、服务于现代企业的财务目标。从这个角度来说，税收负担最低化只是手段而不是目的。从纳税筹划的角度看，税收负担最低化是实现税后利润最大化（财富、价值）的基础和前提。纳税筹划不能只考虑个别税种缴纳的多与少，不能单纯以眼前税负的高低作为判断标准，而应以企业的整体和长远利益为判断标准。

税务最低化目标更多的是从经济观点而非税收角度来谋划安排的，合理纳税筹划的焦点是现金流量、资源的充分利用，纳税人所得的最大化。

## 纳税筹划的特点

纳税筹划的根本目的是使企业税务最小化，实现税后利润的最大化，与逃税、欠税等其他减轻税负的形式比较，纳税筹划具有几个方面的特点：

**一、合法性**

税法是规范征纳关系的准绳。依法纳税是每个纳税人的责任和义务。纳税筹划是在尊重税法的前提下进行的，是在多种纳税方案可供选择时，做出的有利于纳税人的财务安排。纳税筹划之所以能够成功，是因为纳税人对税法有比较深的研究，了解什么行为是合法的，什么行为是非法的，能够把握合法与非法的临界点，在总体上确保自己的经营活动和有关行为的合法性。

**二、超前性**

企业的纳税行为一般都发生在经营行为之后，因此，企业为了使税负最小化，基于其对税法的研究和财务知识的掌握，在经营行为开始之前就根据企业的具体情况事先进行了规划、设计和安排。这是一种合理合法的超前性筹划。

**三、专业性**

如今，仅靠企业自身的财会人员进行税务筹划已显得难以胜任，专业化的税务筹划服务开始出现，如会计师事务所、律师事务所就开展税务代理、咨询及筹划服务。

**四、目的性**

企业进行纳税筹划的基本目的是减轻税负，此外还有延缓纳税以帮助企业进行资金周转；保证纳税申报正确、及时、足额缴纳，树立企业诚信的形象，实现涉税零风险等。

**五、综合性**

企业在进行纳税筹划时，要对整个经营活动进行分析决策，既要考虑税收因素，也要考虑其他多种因素，选优弃劣，避害趋利，以达到总体利益最大化的目的。

# 老板的纳税筹划意识

## ◌ 纳税筹划，意识先行

老板进行纳税筹划时，筹划意识应先行，因为筹划意识是最重要的。有些筹划技巧虽然也能省很多税款，但毕竟是经过一段时间的筹划才能实现的，而有时一个意识问题就能涉及很大一笔税款。例如，纳税人在捐赠时，可能会认为公益行为不用缴纳税款，因此不注意筹划。其实，捐赠也是有一定条件的，一个条件不符合，可能就会导致企业处于既减少了自己的收入，又要缴纳税款的尴尬局面。

老板的意识颇为重要。不少企业老板对有关税收政策的学习、了解不够，对纳税筹划的运用还不到位，因而也就不可能进行专业性较强的纳税筹划。老板的纳税筹划意识对企业的发展有着极其重要的作用。

1. 老板作为企业的决策者，提高纳税筹划意识，可以从整个企业的利益出发，全面考虑企业的风险。这样就可以把企业的长远利益和当前利益相结合，纳税筹划的目的并不是为了减轻税收负担、筹划的最终目的是为了谋取企业利益的最大化，而不是为了筹划而筹划。老板应该具有正确的纳税意识，树立适当的筹划观念，以合法的纳税筹划方式合理安排生产经营活动来获取正当的利益；用全面的眼光，注意税收和非税收因素，综合考量纳税筹划方案，不能仅仅盯住个别税种的税务高低，要着眼于整体税负的变化；要有长远的眼光，有的纳税筹划方案可能会使纳税人某一时期的税负减轻，却不利于长远发展；要把纳税筹划放在整体经营决策中考虑，纳税筹划是为企业整体利益最大化服务的，是一种方法与手段，而不是企业的最终目标。

2. 在增强老板纳税筹划意识的同时，还应该增强老板对纳税筹划的风险意识。纳税筹划之所以有风险，与经济环境、国家政策和企业自身活动的不断变动有关。有的筹划立足于长期规划，蕴含着较大的风险性。如国家可能调整税法、开征新税种、减少部分税收优惠等，使得预定的筹划方案变得不可行。而且，在较长时间内，国家政策也会发生变动。因此，纳税筹划必须考虑其成本与风险。

3. 可以减少不必要的损失。如果老板的纳税筹划意识高，就会在一些重要的场合带上具有税收专业知识的财务人员，请其在关键时刻出谋划策，避免因此而产生的损失。为了取得规模经济效应，企业可能会在必要时兼并其他企业，此时如果不注意被兼并企业的税收情况，兼并便得不到想要的结果，反而变成一个包袱。

4. 老板的一举一动都牵涉着其他工作人员的行动，提高老板的纳税筹划意识，也会促使其他工作人员提高纳税筹划意识。因为老板的关注，使得各部门也会加强本部门的纳税筹划。而且，企业的纳税筹划也需要整个企业的员工同心协力、共同努力才能达到最佳的效果。

5. 企业里的许多事务都需要老板的支持，如果老板没有纳税筹划意识，即使其他人努力设法减轻企业的税收负担，往往也不能获得满意的效果。

可见，纳税筹划应意识先行。“举一纲，众目张”，其筹划意识的强调，直接影响到企业所有部门和人员的筹划意识，关系到企业的长远发展。

### 纳税筹划的动机

企业老板要实现其既定的财务目标，不仅仅在于其对经营收入与经营成本的有效规划及合理匹配，收入与成本的目标达成仅意味着税前利润预期的取得，并非最终财务目标的实现，他们更为关注的是如何最大限度地分享税后利润。

纳税抵减既得收益的直接性与收益社会补偿期望的不确定性、隐秘性及非对等性是诱发企业在主观意念中尽量减少纳税支出的根本动机。

企业作为商品生产经营主体，有着独立的经济利益、收支配比原则，即成本的耗费应能为其产生更大的收入所得，这是制约其行为取向的首要价值观念，是市场经济规律的客观要求所在。然而，纳税无论在维护企业共同的社会利益方面多么重要或多么必要，也不论税制本身多么公正、公平和合理，对纳税者而言，都表现为其既得利益的损失，或者政府对其劳动成果的“无偿”占有。这种认识在理论上讲是不对的，但它毕竟是一种客观存在。

企业主观上的节税意识在很大程度上取决于当地政府对税收杠杆的利用效果，以及所征税款能在多长时间和多大程度上给企业带来各种直接的或间接的利益增值。如果这种积极作用能使纳税企业在预期的期限内切身感受到，并的确有助于效益好、纳税贡献大的企业因此而强化市场竞争能力，推动后进企业努力改善经营理财，而使劣等企业自然淘汰，亦即真正建立一种优胜劣汰的市场竞争机制，那么这必然有助于企业在强化纳税意识的同时，淡化对纳税义务的抵触情绪；否则，企业以各种形式和手段对抗政府赋税的意识和行为就不可避免。

## 纳税筹划的3L法则

纳税筹划是一种理性涉税行为，是在法律允许的条件下，事先筹划企业的各项活动，如经营、投资、理财、组织等，以此来减少企业的税收负担，从而使企业达到税后利润最大化。

纳税筹划已成为大部分企业对涉税事务进行可行性操作的关键。企业纳税筹划方法包括减少计税基础、降低适用税率、采用税收优惠、延迟纳税时间等。企业可通过选择不同的会计核算方法达到节税的目的，增强资金的流动性，获得资金的时间价值。

纳税筹划虽是在合理合法的范围内节税，但某些企业的税务人员可能会因操作不当造成实质性违法行为，使企业存在极高的纳税风险。因此，涉税企业应当充分关注纳税筹划可能面临的风险，设立风险预警机制，最大限度地将风险控制在可控范围内。

纳税筹划不仅要看结果，还要注重过程，在纳税筹划过程中需遵从 3L 法则——合法（Legal）、最少（Least）、最晚（Latest）。

合法是最为基础的要点。任何纳税筹划都要依托相关的税收法律法规，合理有效的纳税筹划就是根据这些税收优惠政策、相关法律法规，在可行性的空间内，最大限度地降低企业的税费。

纳税筹划的目的不是为了让企业不纳税，而是在可行性范围内尽量少纳税。经营企业也有可能存在亏损经营，但企业不可能一直亏损，否则税务局很快就要上门了。只要有盈利就会产生税收，纳税筹划的目的就是要在合理的范围内缴纳最少的税费。

企业纳税有规定的期限，在期限内最晚纳税的优势，是可以在有限的时间内将企业现有的资金流发挥出最大的作用。但最晚缴纳不是让企业一直拖延，该缴纳的税费不可避免。若超过时限，最晚纳税可能就会存在一定的风险性。

企业涉税事务十分繁杂，纳税筹划工作是非常系统化的。一个完整、合理、行之有效的纳税筹划方案，是多方协作下的产物，离开了这个 3L 法则，都不会达到预期的效果。

## 纳税筹划的规律

纳税筹划常见有八大规律：特定条款筹划规律、税制要素筹划规律、寻求差异筹划规律、税负转嫁筹划规律、规避平台筹划规律、组织形式筹划规律、会计政策筹划顾虑、棱镜思维筹划规律。

### 一、特定条款筹划规律

其原理在于，因其特别而有较大的筹划空间，寻找并运用税制结构及税收政策中的特定性、特殊性条款节税。

1. 选择性条款的筹划。比如，合并、分立中的选择性财税处理政策，纳税主体适用增值税或营业税的范围划分，小规模纳税人与一般纳税人的选择。

2. 鼓励性条款的筹划。鼓励性条款多表现为行业性、区域性政策或特定行为、特殊时期政策。比如，鼓励民政部门的福利企业减免税政策、抗“非典”和抗新冠疫情时期医院里的工作人员的个人所得税政策。

3. 缺陷性条款的筹划。是指税制不完善形成的、自身规定矛盾或存在较大的不确定性，抑或在执行上存在较大的弹性空间的条款。纳税人可以主动规范和界定自己的行为，利用缺陷性条款降低税负。缺陷性条款多表现在起征点、定额税、转让定价及税收管辖权等方面。

### 二、税制要素筹划规律

税制要素分为纳税主体、课税对象、税率、税基、纳税环节、纳税期限和纳税地点等。每个税制要素都会对企业应纳税额产生影响，企业应认真分析每个税种最基本的要素，筹划节税。

1. 纳税主体的筹划。是针对纳税主体的筹划，在一定条件下使其避免成为纳税人，免除纳税义务。纳税主体筹划一般涉及增值税、营业税、个人所得税、城镇土地使用税、房产税等税种。

2. 税基筹划。税基筹划一般从两个角度来操作，即实现税基的最小化以及控制税基的实现时间。税基的实现时间根据不同的情况和要求，主要表现为三种方式，即税基递延实现、税基均衡实现和税基提前实现。

3. 税率筹划。不同税种的税率之间存在一定的差异，即使是同一税种，其适用税率也会因税基分布或区域不同而有所差异。一般情况下，税率低，应纳税额少，税后利润就多。税率筹划技术包括两个方面：一是比例税率筹划，即筹划分析不同征税对象适用的不同税率政策，二是累进税率筹划，主要是寻找税负临界点，防止税率的攀升。

4. 递延纳税。递延纳税可以获取资金的时间价值，降低企业财务风险。纳税环节、抵扣环节、纳税时间、纳税地点是递延纳税技术的关键。

纳税人可以通过合同控制、交易控制及流程控制延缓纳税时间，也可以合理安排准予扣除项目及进项税额抵扣时间，所得税预缴、汇算清缴的时间及额度，合理推迟纳税时间。

**三、寻求差异筹划规律**

现实经济生活中存在着各种差异性，税制也反映和认可这种差异性的存在，并规定各种差异性政策，从而在客观上造成了拥有相同性质征税对象的纳税主体税负存在高低差异。

1. 地域差异的筹划。税制设计充分考虑地域差异，比如东部沿海、经济特区、高新技术开发区、西部地区、东北老工业基地、沿江地区、老少边穷地区、保税区，各地的税制存在差异性。纳税人可以通过调整投资方向、经营范围，合理筹划。

2. 行业差异的筹划。税制设计也考虑行业差异，比如教育产业、信息产业、科技产业、环保产业，各行业的税制也存在差异性。纳税人可以通过战略转移进入税收优惠行业节税。

3. 企业性质差异的筹划。内资企业、外资企业，个体企业、国有企业、股份制企业，其税收政策都存在较大差异。性质差异也给税收筹划提供了机会。

**四、税负转嫁筹划规律**

税负转嫁行为是市场主体之间的一种博弈行为。纳税人通过种种途径和方式将税负部分或全部转移给他人。税负转嫁筹划一般通过价格的自由浮动实现，能否转嫁及转嫁的程度取决于商品的供给弹性与需求弹性的大小。

税负转嫁多与商品流转有关，较多地影响到流转税。

1. 下游企业的转嫁。纳税人将其所负担的税款，以提高商品或生产要素价格的方式，转移给购买生产要素的下游企业或消费者负担。这种转嫁适用于市场紧俏的生产要素或知名品牌商品。

2. 上游企业的转嫁。纳税人通过降低生产要素购进价格或压低工资等方式，将其税收负担转移给提供生产要素的上游企业。这种转嫁适用于生产要素或商品积压时的买方市场。

**五、规避平台筹划规律**

在税收筹划中，常常把税法规定的若干临界点称之为规避平台。规避平台建立的基础是临界点，因为临界点会由于“量”的积累而引起“质”的突破，是一个关键点，所以规避平台筹划规律的着眼点在于寻找临界点，利用临界点控制税负。

1. 税基临界点的筹划。税基临界点主要有起征点、扣除限额、税率跳跃临界点。在筹划过程中，要关注临界点，把握临界点。比如，个人所得税的起征点、个人所得税的税率跳跃临界点、企业所得税的税前扣除限额等，都是典型的税基临界点，可以对其进行筹划节税。

2. 优惠临界点的筹划。优惠临界点筹划主要着眼于优惠政策所适用的前提条件，只有在满足前提条件的基础上才能适用于税收优惠政策。

**六、组织形式筹划规律**

组织形式及产权关系决定着企业边界及资源配置方式，对不同组织形式及产权关系的选择，将极大地影响着企业的经营、理财与税收。因此，适时变化组织形式，适应税制变迁和税收政策的调整，可以合理降低或免除税收负担。

1. 延伸筹划。企业通过设立分支机构对外扩张延伸时，是采取总分机构形式还是母子公司形式，在很大程度上会影响到企业的税收负担。一般分公司不具备独立法人资格，可以与总部合并纳税，而子公司是独立法人，必须依法独立纳税。

2. 合并筹划。合并筹划技术是指企业利用并购及资产重组手段，改变其组织形式及股权关系，实现税负降低的筹划方法。

合并筹划一般应用于：并购、重组后的企业可以进入新的领域和行业，税收待遇自然不同；并购有大量亏损的企业可以盈亏抵补，实现低成本扩张；企业合并可以实现关联性企业或上下游企业流通环节的减少，合理规避流转税和印花税；企业合并可能改变纳税主体性质，由小规模纳税人变为一般纳税人，或由内资企业变为中外合资企业。

3. 分立筹划技术。企业分立能够实现财产和所得在两个或多个纳税主体之间进行分割，一方面可以发挥专业分工优势，促进生产能力的提高，另一方面可以有效开展税收筹划，减轻企业税负。

分立筹划一般应用于：企业分立为多个纳税主体，可以形成有关联关系的企业群，实施集团化管理和系统化筹划；企业分立可以将兼营或混合销售中的低税率业务或零税率业务独立出来，合理节税；企业分立使适用累进税率的纳税主体分化成两个或多个适用低税率的纳税主体；企业分立可以增加一道流通环节，有利于流转税抵扣及转让定价策略的运用。

**七、会计政策筹划规律**

会计政策是会计核算时所遵循的基本原则以及采纳的具体处理方法和程序。不同的会计政策必然会形成不同的财务结果，也必然会导致不同的税收负担。因此，在存在多种可供选择的会计政策时，择定有利于税后收益最大化的会计政策组合模式，是税收筹划的基本规律。

1. 分摊（摊销）。一项费用如果涉及多个分摊对象，分摊依据的不同会造成分摊结果的不同；一项拟摊销的费用如果摊销期限和摊销方法不同，摊销结果也会不同。分摊或摊销的处理会影响企业损益和资产计价，进而影响企业税负。

2. 估计。在会计核算中，企业经常需对尚在延续中、其结果尚未确定的交易或事项予以估计入账。这种会计估计的不确定性会影响计入某一期间的收益或费用的大小，进而影响企业税负。

3. 实现。实现原则是财税核算的基本原则，只有已经实现的损益才能予以确认、计量，纳入会计管理，并作为计税依据。控制损益实现的期间和进度，对企业税负有着极为关键的影响。

**八、棱镜思维筹划规律**

税收筹划是一种运作技巧，是经验的结晶，智慧的产物。许多好的筹划方案浑然天成，看不到一点雕琢的痕迹。

1. 转化。税收筹划的本质是在税制约束下寻找税收空间，即讲求规则之下的协调、变通和对策。企业有许多业务可以通过变通和转化寻找筹划节税空间。

2. 创造。创造是开展税收筹划、突破原有筹划思维框架的一种创新手段。创造技术需要创新大胆的设想和理智的判断。对财税工作中出现的前所未有的新情况、新问题，可以提出创造性的筹划方案。在条件不满足的情况下，可以创造条件改变税收要素，在创造中寻求突破。

# 企业纳税筹划的途径

## 利用企业组织形式

企业从组织形式上有子公司和分公司两种选择，其中子公司是具有独立法人资格，能够承担民事法律责任和义务的实体；而分公司是不具有独立法人资格，需要由总公司承担法律责任和义务的实体。

法人企业及其分支机构是企业所得税的纳税人，非法人企业即独资企业和合伙企业不是企业所得税的纳税人，而是个人所得税的纳税人。投资者对企业不同组织形式的选择，影响其投资收益，进而影响企业的整体税收和获利能力。因此，在企业设立时，有必要在组织形式的选择上进行积极筹划。

此外，公司在设立下属公司时，选择设立子公司还是分公司对企业所得税负会产生影响。子公司是独立法人，如果盈利，其利润不能并入母公司利润，应当作为独立的纳税义务人单独缴纳企业所得税。当子公司所在地税率较低时，子公司可以少纳企业所得税，使公司整体税负较低。分公司不是独立法人，只能将其利润并入母公司交纳企业所得税，无论其所在地税负高低，均不能增减公司的整体税负。公司税后利润作为股息分配给投资者，投资者还要缴纳一次个人所得税，又成为个人所得税的纳税义务人。

不同的组织形式分别使用独立纳税和汇总纳税，必然会对总机构的税收负担产生影响。企业可以利用新的规定，通过选择分支机构的组织形式进行有效的税收筹划。企业采取何种组织形式需要考虑的因素主要包括分支机构盈亏、分支机构是否享受优惠税率等。根据不同情况，可能存在以下四种情况：

1. 如果预计适用优惠税率的分支机构盈利，选择子公司形式，单独纳税。

2. 如果预计适用非优惠税率的分支机构盈利，选择分公司形式，汇总到总公司纳税，以弥补总公司或其他分公司的亏损。即使下属公司均盈利，此时汇总纳税虽无节税效应，但可降低企业的办税成本，提高管理效率。

3. 如果预计适用非优惠税率的分支机构亏损，选择分公司形式，汇总纳税可以用其他分公司或总公司利润弥补亏损。

4. 如果预计适用优惠税率的分支机构亏损，就要考虑分支机构扭亏的能力，若短期内可以扭亏宜采用子公司形式，否则宜采用分公司形式，这与企业经营策划紧密关联。总的来说，如果下属公司所在地税率较低，宜设立子公司，享受当地的低税率。

## 利用税收各项优惠政策就是最好的纳税筹划

纳税筹划是一项系统的理财工程，与合法避税或合理避税有本质区别。

合法避税或合理避税与纳税筹划的主要区别在于，前者是利用税法上没有规定之处或利用税法上的漏洞而进行的人为经济安排，以达到少缴纳税收的目的；而纳税筹划是利用税法上的规定，以达到少缴纳税收的目的，即使利用了税收上的不完善之处，也是与税法的立法精神或立法意图保持一致的一种人为经济安排。税收规划是一种合法行为，合理避税或合法避税是一种有违法嫌疑的行为。

由于纳税筹划是在税收法律允许和规定的范围内进行的，一个国家和地区经济发展的差异性决定了一个国家和地区存在不同的税收优惠政策，利用好并且用足税收优惠政策，本身就是最好的纳税筹划。只有用足和用好税收优惠政策，才能为企业降低税收成本。

怎样用好用足税收优惠政策？在纳税筹划实践中，必须做好两件事，一是企业必须针对本企业使用的所有税收政策，包括税收优惠政策进行收集、整理和归纳，并随时更新税收法律法规信息；二是如果符合享受税收优惠政策的条件，企业必须到当地税务主管机关办理税收优惠备案手续，否则就没有资格享受税收优惠政策。

如果企业享受的税收优惠政策有资质认定要求，纳税人须先取得有关政府部门的资质认定，比如，认定为高新技术企业、福利企业、创业投资企业和环保企业等。有些纳税人一方面可能用尽心思偷逃税或避税，另一方面却可能因为对优惠政策没有全面了解而丧失更多的减免税的权利；一方面可能被稽查罚款，另一方面对“送上门的钱”却不知道伸手拿。

税法规定了很多优惠政策，用好用足这些政策对企业来说能够节省很多税款，纳税人千万不可舍近求远。

最好的纳税筹划方法就是用好用足税收优惠政策。税收优惠政策是国家用税收调解经济的具体手段。国家通过税收优惠政策，可以扶持某些特殊的地区、行业、企业和产品的发展，促进产业结构的调整和社会经济的发展。充分利用税收优惠政策进行纳税筹划，符合国家税法的立法精神，符合国家宏观经济政策的引导，是国家允许和支持的。

纳税人可分为三种：第一种是对税收政策不闻不问，从不主动到税务机关或中介机构咨询有关税收优惠政策的信息，且在生产经营中也不注意怎样使之达到优惠政策所需的要求；第二种是主动接收税收优惠政策，运用各种手段，通过各种渠道积极主动获取关于优惠政策的信息，且与税务机关和中介机构保持密切联系，尽可能利用现有的税收优惠政策；第三种是不仅积极获取税收优惠政策的信息，积极与税务机关和中介机构联系，还会在生产经营活动中积极进行纳税筹划，使原本不符合税收优惠政策要求的经济行为达到相关政策要求，从而获取税收减免，减轻税收负担，达到经济效益最大化的目的。在这三种纳税人中，第三种最值得推崇。因为他们不但积极利用了国家的税收优惠政策，还能够对生产经营进行筹划，既达到了国家用优惠政策调节经济的目的，又加强了对自身生产经营活动的管理。

纳税人在运用税收优惠政策进行纳税筹划时，可以运用多种方法。以下是几种常见的筹划方法：

1. 直接利用税收优惠政策的方法。税收优惠政策是国家从宏观上调解经济、引导资源流向的工具，符合国家的总体经济目标，是国家的阳光政策。企业可以直接拿来就用。

2. 通过联姻法，即企业原本不符合税收优惠政策，但通过一定的筹划，可以与一些享受税收优惠政策的企业联姻，使之可以享受税收优惠。

3. 利用人员流动法。为了促进经济发展，国家对一些特别的地区、行业和产品给予了特殊的税收优惠。纳税人可以通过选择在优惠地区注册企业，或投资于可享受税收优惠的行业，或生产可以享受税收优惠的产品，从而享受国家税收优惠政策。

在利用税收优惠政策时要注意，纳税人一定要熟悉税收优惠政策，不能曲解税收优惠政策，滥用税收优惠，以欺骗手段骗取税收优惠；要充分了解税收优惠政策，按照规定的程序进行申请并获得税务机关的批准，避免因程序不当而失去应有的权利。

## 利用折旧方法开展纳税筹划

折旧的计提直接关系到企业当期成本和费用的大小、利润的高低和应纳所得税的多少。折旧具有抵税作用，采用不同的折旧方法，需缴纳的所得税税款各不相同。因此，企业可以利用折旧方法开展纳税筹划。

最常用的折旧方法有直线法、工作量法、年数总和法和双倍余额递减法等。运用不同的折旧方法，得到的折旧额在量上不一致，各期分摊的成本也存在差异，会影响各期的营业成本和利润。这一差异为纳税筹划提供了可能。在计算应纳税所得额时，企业按照规定计算的固定资产折旧准予扣除，企业可采取调整折旧年限的方式合理避税。

利用折旧方法选择进行纳税筹划应注意，折旧方法选择要符合法律规定，还必须要考虑税制因素的影响、通货膨胀因素的影响、资金时间价值因素的影响、企业各年收益的分布情况、折旧年限的影响。

缩短折旧年限有利于加速成本回收，可以把后期成本费用前移，使前期会计利润后移。在税率稳定的前提下，所得税的递延缴纳相当于取得了一笔无息贷款。另外，当企业享受“三免三减半”的优惠政策时，延长折旧期限把后期利润尽量安排在优惠期内，可以减轻企业税负。如果企业正在享受企业所得税减免优惠政策，在优惠期是否要采取调整折旧年限的方式，应具体情况具体分析。

## 利用存货计价方法开展纳税筹划

存货的核算是企业会计核算的一项重要内容，对产品成本、企业利润及所得税都有较大的影响。企业所得税法允许企业采用先进先出法、加权平均法或者个别计价法确定发出存货的实际成本，但不允许采用后进先出法。

选择不同的存货发出计价方法，会导致不同的销货成本和期末存货成本，产生不同的企业利润，进而影响各期所得税额。企业应根据自身所处的不同纳税期以及盈亏的不同情况选择不同的存货计价方法，使成本费用的抵税效应得到最充分的发挥。例如，先进先出法适用于市场价格普遍处于下降趋势的情况，可使期末存货价值降低，增加当期销货成本，减少当期应纳税所得额，延缓纳税时间。

在企业普遍感到流动资金紧张时，延缓纳税无疑是从国家获取一笔无息贷款，有利于企业资金周转。在通货膨胀的情况下，先进先出法会虚增利润，增加企业的税收负担，不宜采用。

### 利用收入确认时间的选择开展纳税筹划

企业在销售方式上的不同选择，对企业资金的流入和企业收益的实现会产生不同的影响。这是因为不同的销售方式在税法上确认收入的时间不同。因此，通过对销售方式的选择，控制收入确认的时间，合理归属所得年度，可在经营活动中获得延缓纳税的税收效益。

企业所得税法规定的销售方式及收入实现时间的确认包括以下几种情况：

1. 直接收款销售方式。以收到货款或者取得索款凭证，并将提货单交给买方的当天为确认收入的时间。

2. 托收承付或者委托银行收款方式。以发出货物并办好托收手续的当天为确认收入的时间。

3. 赊销或者分期收款销售方式。以合同约定的收款日期为企业确认收入的时间。

4. 预付货款销售或者分期预收货款销售方式。以是否交付货物为确认收入的时间。

5. 长期劳务或工程合同。按照纳税年度内的完工进度或者完成的工作量确认收入的时间。

可以看出，销售收入确认的关键在于是否交货这个时点，若交货取得销售额或取得索取销售额凭证的，则销售成立，确认收入；否则，收入未实现。每种销售结算方式都有其收入确认的标准条件，企业通过对收入确认条件的控制即可控制收入确认的时间。

### 利用费用扣除标准的选择开展纳税筹划

费用列支是应纳税所得额的递减因素。在税法允许的范围内，应尽可能地列支当期费用，减少应缴纳的所得税，合法递延纳税时间，从而获得税收利益。

企业所得税法允许税前扣除的费用划分为三类：

1. 允许据实全额扣除的项目。包括合理的工资薪金支出，企业依照法律、行政法规的有关规定提取的用于环境保护、生态恢复等方面的专项资金，向金融机构借款的利息支出等。

2. 有比例限制部分扣除的项目。包括公益性捐赠支出、业务招待费、广告业务宣传费、工会经费等。企业要将这些支出的规模和比例控制在可扣除范围之内，否则将增加企业的税收负担。

3. 允许加计扣除的项目。包括企业的研究开发费用和企业安置残疾人员所支付的工资等。企业可以考虑适当增加该类支出的金额，以充分发挥其抵税作用，减轻企业税收负担。

允许据实全部扣除的费用可以全部得到补偿，所以企业应将这些费用列足用够。对税法有比例限额的费用应尽量不要超过限额，限额以内的部分要充分列支；超额的部分，税法不允许在税前扣除，要并入利润纳税。因此，要注意各项费用的节税点。

# 纳税筹划决策

## 纳税筹划对企业的影响

纳税筹划行为的立足点，在于通过对市场经济发展未来动向的准确洞察，有机地利用各种有利的经济与环境因素，依托国家政策、法规导向，借助投资、筹资、生产经营的合理规划与配置，以期达到节税，使税后收益长期稳定增长的目的。因此，纳税筹划行为有机地融汇于企业理财活动的全过程，其绩效的大小综合反映了企业筹资、投资和生产经营的素质和水平。

纳税筹划对企业的影响主要表现在：

**一、投资中的纳税筹划**

是指企业在申请营业执照和办理税务登记证时，根据国家的税收优惠政策和企业实际情况，比较和确定税负最轻的企业类型、注册地点、经营项目等投资决策方案的过程。

例如，国家对以下类型的企业实行税收优惠政策：民政部门主管的社会福利生产企业、教委主管的普通学校校办企业、水利部门主管的企业、科委主管的高新技术企业、外经贸委主管的外商投资企业、文化部门主管的企业等。企业可以根据国家对不同类型企业的税收优惠政策，通过计算和比较不同类型企业的税负，选择税负较轻的企业形式。

再如，国家对国家高新技术开发区、经济特区、沿海经济开放区、经济技术开发区、上海浦东新区、国家确定的革命老根据地、少数民族地区、边远地区和贫困地区等地区实行税收优惠政策。企业可据此比较和选择税负较轻的地区作为注册地点。

国家还对以下经营项目实行税收优惠政策：列入国家科委和计委试制计划的新产品、“三废利用”的产品、避孕药具等某些国家规定的减免税产品、高新技术产品。

此外，国家对经营规模较小的企业和新办第三产业也实行税收优惠政策。企业可根据上述税收优惠政策，选择经营项目，或在企业达到一定经营规模时，划小核算单位，新办子公司。

**二、筹资中的纳税筹划**

是指企业在筹集投资和生产经营所需资金时，尽量压缩自有资金的比例，适当提高负债资金比重，以最佳资本结构达到节约税款支付的目的，实现投资所有者税后利益最大化的目标。提高负债比重的直接目的是增强企业的获利能力；同时，由于举债的利息如银行借款和企业债券等借入资金的利息都是税前支付的，属于免税项目，在计算应纳税所得额中扣除，具有节税作用。

**三、生产经营中的纳税筹划**

是指企业在开办期间，根据其经营预测，以节税为目的，选择资产计价方法、成本费用计算方法等的过程。

资产计价方法和成本费用计算方法与税负有很大关系。根据企业经营预测，以节税为目的，选择存货计价方法、对外投资核算方法、固定资产计价标准、无形资产和递延资产计价标准、折旧计算方法、成本计算方法、无形资产和递延资产摊销方法等，均能有效地缩小所得税税基，减轻企业税负。

### 纳税筹划决策

通常，直接决定企业税负水平高低的内在因素主要有税基宽窄、税率轻重、纳税成本高低以及课税对象的金额结构。制约税负水平的市场经济因素主要有货币时间价值与通货膨胀水平，其中也隐含着风险因素。此外，企业资本结构的变动对税负也会产生重要的影响。这些因素直接影响着纳税筹划决策。

### 一、税基宽窄的影响

税基宽窄对企业纳税负担的影响，主要表现为名义税率与实际税率的差异。由于某一课税对象的法定税基与实际税基（有效税基）往往存在着一定程度的差异，且后者通常小于前者，因此企业的实际纳税负担一般较之法定（名义）税负低。其原因主要是政府出于某种经济或社会意图，通过税收杠杆的倾斜政策所致。这必然会在客观上给企业提供一个有利的机遇，即在税前收益增加或者不变的前提下，通过比较不同纳税对象有效税基比重的高低，将资金投入较为有利的纳税项目，借以谋求纳税负担的增收节税效应。

### 二、税率高低的影响

即使在有效税基比例相等、内涵一致的情况下，如果法定税率彼此有差异，也必然会影响企业实际纳税负担的轻重，甚至会出现有效税基比例低的企业由于承受了较高的法定税率，其实际的纳税负担反重于有效税基相对高的企业。实际上，税率的悬殊差异往往比有效税基比例的高低对企业纳税负担的轻重产生着更大的影响。

税率的高低是影响企业税负轻重的决定性因素，因而成为企业投资配置过程中进行税收筹划必须加以考虑的首要问题之一。

### 三、纳税成本大小的影响

一般认为，纳税成本仅限于企业为开展税收管理工作所发生的各项成本费用开支。然而，这一层次的纳税成本只不过是会计概念下的直接纳税费用的静态思维概念，如果从更深层次的动态观念来理解，纳税成本还应包括由于纳税而给企业带来或加重的风险程度，如投资扭曲风险、经营损失风险和纳税支付有效现金不足风险。而这些方面的纳税成本损失并非是可以直接通过会计核算所能得到的，因为这些成本损失往往表现为潜在的机会成本形式，是否必然发生以及程度如何通常也难以确定。正因为如此，它们对企业的影响也更为重大。这是企业进行税收筹划、抑减纳税负担时必须充分考虑的重要方面。一旦企业忽略了这些成本损失因素，就很可能会造成无法估量的经济利益损失。

**四、应税收益构成的影响**

应税收益的构成实际上是由投资结构决定的。投资结构对企业税负及税后利润的影响体现在有效税基的综合比例、税率的总体水平和纳税综合成本的高低这三个方面的变化中。这些变化必然会对企业最终的税后利润金额和水平产生直接影响，因而由投资结构所形成的应税收益来源的构成及其变动是决定企业纳税筹划成效的重要因素。

**五、资金时间价值的影响**

资金时间价值对企业税负水平的深刻影响表现在现金流量的内在价值的差异方面。企业利用时间价值因素组织纳税筹划活动应确立的基本考虑是，提高应计现金流入量的收现速度和有效比重，在不违反政策、法规和不损害企业市场信誉的前提下，尽可能地延缓现金支付的时间、速度，控制即期现金支付的比重。利用时间价值进行经营决策已经为企业经营者所接受。

**六、通货膨胀的影响**

通货膨胀的直接影响便是导致企业投资收益的虚假增长及投资实际效用价值的贬值，导致企业既有资金的大量蚀失。在计算企业应税收益时，并不考虑企业的成本费用是否已得以充分补偿。尽管在核算方法上的确也采取了补救措施，但其对通货膨胀所产生的不利影响的抵销作用只不过是象征性的，效果微弱。由于现行税法、会计制度下的成本补偿仅限于账面历史成本额度，这样按账面历史成本所收回的资金的实际购买力已大大贬值，在企业账面收益虚增的同时，其有效投资遭受严重的蚀失，并使企业的纳税负担相对加重。

通货膨胀的存在对企业也有有利的一面，即企业可以有效地利用通货膨胀达到抑减税负的效应。比如，采取加速折旧的办法，可以加快投资的回收速度，且由于折旧速度的加快有利于前期的折旧成本取得延缓纳税的效应，相当于政府将一部分税款以无息贷款的方式提供给了企业。这一纳税的延缓，必然在相对增加投资收益的同时，使企业的实际纳税负担降低。

**七、资本结构变动的影响**

企业的资本来源除股本外，主要是负债，具体包括长期负债与短期负债。长期负债与资本的构成比例被称为资本结构。资本结构，特别是负债比率合理与否制约着企业风险、成本的大小，且影响着企业纳税的负担与企业权益资本税后收益实现的水平。负债融资的财务杠杆作用主要体现在节税及提高权益资本收益率（包括税前和税后）等方面。其中节税功能反映为负债利息记入财务费用抵扣应税所得额，从而相对减少应纳所得税额。在息税前收益不低于负债成本总额的前提下，负债比率越高，额度越大，其节税效果越显著。当然，负债最重要的杠杆作用则在于提高权益资本的收益水平及普通股的每股收益。

# 纳税筹划的功夫其实在税外

## 以生命周期为着眼点

虽然纳税筹划是关于税收的筹划，但这并不说明筹划的着眼点在税收上。筹划应在税收法令法规中寻求答案，但更深刻的筹划含义在税法之外。

企业纳税筹划活动一般会出现在企业设立、筹资、投资、分立、合并、生产经营、清算破产等诸多环节。也就是说，在企业的整个生命周期中，都存在纳税筹划的机会，也存在着纳税筹划的必要。

对企业来说，建立时选择合适的组织形式非常重要。合伙制企业和股份制企业待遇大不一样，合伙制企业可以免缴企业所得税，而股份制企业可以享受法人企业的诸多优惠。企业分支机构的设立方式也有选择的必要，子公司与分公司的合理安排所产生的税收效应是巨大的。选择合适的地方注册设立企业也有一定的讲究，企业设立的规模也不是越大越好。投资行业和投资方式的选择也蕴含着一定的纳税筹划机会。

企业设立后，筹资方式的选择也意味着税收负担的选择。直接借款筹资的利息支出可以在税前列支，从而冲减所得税，而股票筹资更加有利于企业的发展壮大。租赁筹资方式的不同，也意味着税负的不同。到底是采用融资性租赁还是经营性租赁，对企业来说效果也大不一样。

在投资筹划中，不同的投资选择和组合代表企业不同的收益，同时也代表不同的税收待遇。比如，同样的投资，外商企业再投资满足一定条件就可以获得一定数额的退税。对该外商投资企业来说，是选择再投资新设另一家企业，还是对现有企业增加注册资本金，同样会带来不同的税收效应。

企业兼并浪潮中的税收问题也越来越凸显。兼并支付方式的不同，税收待遇也不一样。纳税人最好选择股权方式支付，这种方式可以免收企业所得税。有时，企业分立也可以作为纳税筹划的基本方法之一。同时兼营两种不同税率的产品或项目，税务机关会按照较高税率的项目对所有收入征税。

在企业生命周期中，还有很多可筹划的环节，如购货与销货环节、生产经营环节、进出口环节、跨国经营环节等。

## 谨慎使用税负转嫁

税负转嫁的目的与其他纳税筹划方式的目的基本相同，只是使用的条件和范围有所不同。一般来说，税务转嫁筹划法有前转、后转、消转、混转和税收资本化等。

税负前转是企业将税款通过提高售价的办法转嫁给购买者或最终消费者的行为，它是税务转嫁的基本形式。

税负后转是企业通过降低收购价格的方法，将已纳税款转嫁给货物供应商的行为。

税负消转是企业在缴纳税款以后，通过提高经济效益获得更多收益而将已缴纳税款抵消的转化法。从严格意义上讲，这种转嫁不属于税负转嫁的范畴，但对纳税人提高经济效益具有一定的指导意义。

税收资本化是指商品出售时，将购买者在今后若干年的应纳税款预先从所购商品中扣除的方法，虽然购买者今后若干年应该按期缴税，但实质上是由卖主支付的。

税负转嫁筹划方式运用得当，可以使企业经济效益增加不少，运用得不好则可能得不偿失，造成实际收益的损失，因而在运用时企业应慎重对待。企业可行的一个思路就是转变经营活动方式，获得制度创新的增值，通过高科技提高产品的附加值，以及加大价值创新力度，使企业的经济效益稳定甚至快速上升。因此，企业遇到税负增加时，不一定非要将税负转嫁给他人。

### 合同设计，税收不可忘

纳税人在签订合同时很少注意到合同设计与税收有着极大的关系。合同里面有很大的税收陷阱，纳税人在合同设计时千万不能忘记税收。

1. 采购合同。通常，采购合同会出现如下条款："全部款项付完后，由供货方开具发票。"这种条款就有一定的税收陷阱。因为由于质量、标准等方面的原因，采购方往往不会付完全款，而这根据合同条款将无法取得发票，不能进行抵扣，从而影响税负。因而应将此合同条款修改为："根据实际支付金额，由供货方开具发票。"

企业在签订合同时，应该在合同中确定各项具体的条款都包含什么内容，税款的缴纳如何处理。

2. 销售合同。企业在发出货物时，纳税义务即发生，应缴纳增值税。但并非所有的商品销售后都采用现销方式，可能有些商品发出后多年才能收回货款，个别商品的货款还可能出现坏账、呆账。因此，销售方就白白垫付了税款。实际上，只需将合同条款改为"以实际支付数额作为销售收入，开具增值税发票，未支付部分作为借款，按期支付利息"即可。

不同销售结算方式的纳税义务的发生时间也并不相同。这也为纳税筹划创造了条件。纳税人如果选择未收到货款不开具发票的结算方式，就能防止垫付税款，达到延迟纳税的目的。尽量采用支票、银行本票、汇兑结算方式销售货物，在不能及时收到货款的情况下，采用赊销或分期付款的收款结算方式。

3. 企业重组合同。这里的重组包括合并和分立，兼并和收购是其常见的两种形式，简称为“并购”。并购中的债权债务问题常会在合同中明确约定，但对税款由谁负担往往没有相关条款加以规定，而税款既不能归为债权，也不能归为债务，导致收购方无益地负担税款。并购中的支付方式同样不可忽视。如果收购方用现金或企业债权支付，则被购并企业股东收到现金时应立即纳税；如果收购方用其有表决权的股票支付，则被合并企业股东在收到收购公司股票时可以免税，待股票出售后才计算损益，并作为资本利得缴纳税款。因此，支付股票对被兼并企业的股东来说，可以获得推迟纳税和减轻税负的优惠。

4. 劳动用工合同。纳税人支付给职工的工资，按照计税工资标准扣除，超过标准的部分不允许扣除。企业在与个人订立用工合同时，最好不要将全部支付额用工资的形式在合同上加以确定，可以将工资分为几部分。比如，将工资分为工资和津贴两部分，这样企业可以加大扣除额，减少应缴税款。

5. 借款合同。借款合同一般都会涉及利息问题，而利息的获取方应该就利息金额缴纳税款。利息税款的支付方如果在合同中加以明确，则可以减少经济纠纷。

6. 劳动报酬合同。常见的劳动报酬合同中的条款是：甲方支付全部劳动报酬 ×× 元，费用由乙方自负。其实这种条款不利于节省税款。如果劳动报酬的提供在企业内部，往往不会给企业带来额外负担。合理安排支付次数，分散收入也可以达到节省税收的目的。

## 巧妙利用机器设备

设备的购置、使用、维修、改良等环节，存在很多的税收机会，筹划得当与否严重影响企业的税负。

1. 设备的购置。我国税法规定，对于企业购置国产设备进行技术改造的投资，可以在一定限额内抵扣所得税款。企业根据该政策选择适当的时机进行投资，不仅可以改进企业的生产经营能力，还能获得税收上的诸多好处。从外国购进设备还会涉及关税问题。对企业设备购进方式进行筹划，可以在一定程度上减少税款的缴纳。

2. 设备使用。设备使用中很容易涉及的一个问题就是固定资产的折旧。企业购进的固定资产，按照税法规定可以计提折旧。折旧方式不同，税负也不一样。一般来说，加速折旧可以抵扣更多的应纳税所得额，因而税收负担最轻，但这也不尽然。企业处于减免税期间，加速折旧意味着前期抵扣较多，后期抵扣较少，而前期企业正在享受税收优惠，抵扣额对它没有太大的用处，后期税负较重时，由于抵扣较少，反而要多缴税。

设备租赁方式是采用融资租赁还是经营租赁，给企业带来的税收也会不一样。融资租赁有两种方式，一是企业通过融资租赁获得设备的所有权，二是企业通过融资租赁不获得设备的所有权。这两种方式的选择也存在着很多税收机会。

此外，增值税的类型也会对税负产生影响。消费型增值税与生产性增值税的抵扣方式是不一样的。消费型增值税可以作为抵扣额，企业在购进先进设备时，采用消费型增值税可以减轻税负，这在一定程度上鼓励了企业提高设备水平的积极性。

3. 设备维修与改良。设备维修分为大修理和中小修理。中小修理支出可以直接在税前扣除，对固定资产大修理发生的支出应在大修期间隔期内平均摊销，其摊销额允许在税前扣除。而对于固定资产的固定支出属于资本性支出，应计入固定资产的价值，其支出不得直接在税前扣除，但其净支出在增加固定资产价值后按规定标准增提的折旧，允许在税前扣除。企业应根据当时的具体情况进行决策，是修理还是改良，是大修还是中小修。对设备的修理与改良的选择，也能够带来一定的税收效应；到底是改进原来设备还是购置新设备，也有一定的讲究；税法对于修理费用的列支与改良投资的摊销，规定了不同的税收待遇，企业应根据实际情况进行选择。

# 第八章
# 企业纳税筹划实操

# 企业设立时的纳税筹划

## 企业组织形式选择中的纳税筹划

企业有多种组织形式，如独资企业、合伙企业、公司制企业等，独资企业、合伙企业属于自然人企业，税负一致。公司制企业属于法人企业，可分为总分公司与母子公司等，公司制企业要交纳企业所得税，投资者个人分得的利润征收个人所得税。企业组织形式的不同，会带来税负的差异，因此，企业应恰当选择拟设立企业的组织形式，以最大程度降低税负，实现税后收益的最大化。

**一、合伙制与公司制企业的税务筹划**

一般情况下，合伙制企业的税负比公司制企业的税负要低，因为公司制企业既要缴企业所得税，企业中的个人还要缴纳个人所得税，存在两个纳税层次。

**二、子公司与分公司的税务筹划**

企业的组织形式若选择为子公司，则可以充分享受所在国给予居民公司的税收优惠，其向母公司支付的费用更易得到认可，但是子公司的亏损不能冲减母公司的利润。反之，企业若选择作为分公司，分公司没有独立的财产，经营活动的所有后果由总公司承担，总公司拥有分公司的资本，总公司与分公司间的资本转移不需纳税，分公司与总公司汇总纳税时，分公司的亏损可以冲减总公司利润，从而达到减轻纳税义务的目的。

因此，在设立机构时，企业应根据拟设立企业的不同情况，选择其组织形式。

首先，要充分预测分支机构的盈亏情况，根据预测结果来选择企业的组织形式。如果分支机构在开始营运的一段时间内发生亏损，且短期内无法扭转，应设立分公司，以充分享受分公司亏损冲抵总公司利润的优惠政策，降低总公司税负；当分公司营运一段时间后扭亏为盈，企业可以将分公司转为子公司，充分享受关于开办新公司的税收优惠，并享受子公司所在地的税收优惠。

其次，要充分考虑总公司和分支机构所在地的税率。如果分支机构所得在税率低于总机构所在地税率，应选择为子公司的形式；如果分支机构所得在税率与总机构所在地税率一致，应选择为分公司的形式。一旦分公司有亏损，总公司利润可以弥补亏损；如果分支机构所在地的税率高于总机构所在地的税率，则应选择分公司的形式，通过汇总纳税可以降低总公司的整体税负。

## 企业选择投资行业时的纳税筹划

为引导投资方向，税法给予不同行业、不同类型企业以不同的税收优惠，企业在投资时应根据国家对不同产业的税收优惠政策，选择并确定拟投资的产业。

1. 选择设立生产型企业 。生产型外商投资企业可以享受“两免三减半”的税收优惠待遇，对其中的农、林、交通、港口、码头等则给予了更为优惠的政策。但非生产性企业就不能享受上述优惠。

2. 选择设立高新技术企业。我国对国家高新技术产业开发区内的高新技术企业，按15%的税率征收企业所得税；对新办的高新技术企业，自投产年度起，免征所得税两年。在国家高新技术产业开发区设立的、被认定为高新技术企业的中外合资经营企业，经营期十年以上的，经当地税务机关批准，从开始获利的年度起，第一年和第二年免征企业所得税。自被认定为高新技术企业之日所属的纳税年度起，减按15%的税率缴纳企业所得税。

## 企业选择投资地点时的税务筹划

1. 选择国际避税地进行投资。一些国家，为吸引境外资金、引进先进技术、繁荣经济，对在本国境内一定区域内投资的企业征收较低的税或实施免税，如巴哈马、百慕大群岛等不征收企业所得税和个人所得税，马来西亚及我国香港地区对来自境外的所得不征税等。纳税人可以把机构设立在这些免税地区，或者选择税负最低的地区进行投资，以避免较重的税收负担。

2. 选择国内税收优惠地区进行投资。国家税收政策在不同区域内有不同的优惠规定，企业在选择投资地点时，可根据税法对经济特区、经济开发区、沿海开放城市、经济技术开发区等不同的所得税区域优惠政策，找出几个可能投资的区域并拟出相应的投资方案，计算各方案的成本、收益及税负水平，选择既能减轻税负又能获得最大经济效益的区域投资。

# 企业经营中的纳税筹划

## 通过经济合同促降税收成本

合同签订决定业务过程，业务过程决定税收。企业减少流转税的关键是尽量减少流转环节，应注意业务流程过程中的经济合同的准确签订。

当然，分解营业额，巧签经济合同，选择合适的促销方式，将销售方式和营业额分开核算，选择增值税、消费税的纳税义务时间，也可以达到降低流转税的目的。企业所得税的规划主要是对扣除成本的规划，个人所得税的税务规划主要是进行合理、合法的薪酬设计。

为节省税收成本，在签订经济合同时必须根据业务特点和相关税收成本准确签订。一般应注意以下三个签订技巧：

1. 在合同中要明确有关价格是否含税以及有关税费的实际承担者。企业在采购原材料、签订合同时，一定要十分谨慎，若合同中已经明确了供应商承担有关税费，但供应商没有缴纳，除非在当地税务局进行了备案手续，否则，有关税费的实际承租人还是购买方，因为有关税收的约定与税法冲突时，要以税法为准。

2. 在合同中明确销售合同的销售方式（结算方式），实现增值税的延期纳税。企业在产品销售过程中，在应收货款一时无法收回或部分无法收回的情况下，可选择赊销或分期付款结算方式，在合同中一定要约定货款的收款日期。企业的产品销售对象如果是商业企业，且有一定的赊欠期限，在销售合同中可约定采用委托代销结算方式处理销售业务，根据实际收到的货款分期计算销项税额，从而延缓纳税。

3. 分解合同中的销售额或营业额以降低税收负担。纳税人可以在合同中把营业额或销售额进行分解，以达到降低税负的目的。

## 选择适当的促销方案节税

任何企业为了扩大销售，盘活现金流，都会实施不同的营销方案。例如，买一赠一、售后返租、满额赠、返券、积分送礼、销售折让、折让销售和抽奖活动。这些促销方案给企业产生的税收成本是不一样的。由于不同的促销方案涉及的流转税税负是不同的，因此，企业在税负过程中，必须先对拟实施的各种营销方案进行涉税比较分析，在此基础上，结合企业的财务发展战略和管理目标，正确选择负担低的促销方案。

## 通过减少业务流转环节节税

增值税等流转税的流转环节越多，税额就越多，而且合同签订决定业务过程，业务过程决定税收。因此，减少流转税的关键是尽量减少流转环节，通过减少企业业务流转环节进行节税。

## 充分利用税收优惠政策节税

税法规定了各项优惠政策，企业能够充分用足用好各项税收优惠政策，本身就是最好的纳税筹划。因此，企业要根据自身所处的行业对相关税收政策进行收集整理，从中提炼出企业能够适用的税收优惠政策，然后搞清楚享受税收优惠政策需要哪些条件，并创造条件加以利用。

企业利用税收优惠政策需要注意：

1. 一定要向税务主管部门问清楚各类减免税的审批机关及其审批权限。

2. 一定要向税务机关问清楚哪些减免税项目属于审批类，哪些减免税项目属于备案类。

3. 企业所得税减免税是有资质认定要求的，纳税人需先到相关政府部门取得有关资质认定。

4. 一定要到当地税务部门办理税收优惠备案手续。

## 企业资产重组的纳税筹划

资产重组是企业资产的拥有者、控制者与企业外部的经济主体对企业资产的分布状态进行重组组合、调整、设置的过程，或对设在企业资产上的权利进行重新配置的过程。资产重组从法律形式上分为四种，即合并、分立、出售、置换。

资产重组不征收增值税的法律依据为，《国家税务总局关于纳税人资产重组有关增值税问题的公告》规定："纳税人在资产重组过程中，通过合并、分立、出售、置换等方式，将全部或部分实物资产以及与其相关联的债权、负债和劳动力一并转让给其他单位或个人，不属于增值税的征税范围，其中涉及的货物转让，不征收增值税。"

资产重组要享受增值税政策，在发生合并、分立、出售、置换时，必须将全部或者部分实物资产以及相关联的债权、负债和劳动力一并转让给企业和合并企业。

企业在发生合并、分立、出售、置换时，必须向当地税务机关提交合并、分立、出售、置换的书面备案材料，否则，没有资格享受税收优惠政策。

## 利用公益性捐赠节税

大多数企业都非常重视公益性捐赠以回报社会。国家为了提倡和鼓励企业开展公益性捐赠活动，也制定了许多保护和鼓励企业进行公益性捐赠的政策。其中允许所得税税前扣除就是一项非常具体、有效的政策，对企业开展公益性捐赠产生了重大而深远的影响。这里的公益性捐赠是指企业通过公益性社会团体或县级以上人民政府及其部门，适用于《公益捐赠法》规定的公益事业的捐赠。企业自行直接发生的捐赠以及非公益性捐赠不得在税前扣除。

基于此，公益性捐赠的纳税筹划应注意：

1. 企业集团一定要充分利用税法规定的公益性捐赠的扣除政策，实现税前扣除最大化。

2. 适时利用对外捐赠进行纳税筹划。“适时”是指把超过当年税前允许扣除的最大捐赠额的部分，放在第二年 1 月进行捐赠，享受第二年的税前扣除政策。

## 销售业绩奖励的纳税筹划

许多企业为开拓市场，对销售人员实行报酬与销售额挂钩的业绩奖励方法，这对提高销售人员的工作积极性十分有利，但从税收角度分析，该方法会增加销售人员个人所得税的税收负担，还会让企业多缴纳企业所得税。

为了减轻销售人员获得销售业绩的个人所得税负担，应按照以下技巧进行纳税筹划：

1. 如果销售人员与企业之间是雇用与被雇用的关系，企业应对销售人员的差旅费、业务招待费等费用进行剥离，实报实销，然后对剩下的销售业绩按照一次性年终奖的办法计算个人所得税。

2. 如果销售人员与企业之间没有雇用与被雇用的关系，则企业与销售人员应在合同中约定：按照销售额的一定比例实报实销销售人员的差旅费、业务招待费等费用。然后，对剩下的销售业绩奖分次发放。

## 企业薪酬的纳税筹划

### 一、对高收入员工实行年薪制可节税

对实行年薪制的企业经营者取得的工资、薪金所得应纳的税款，可以实行按年计税、分月预缴的方式计征，即企业经营者按月领取的基本收入，应在减除相应的费用之后，按适用税率计算应纳税款并预缴，年度终了领取效益收入后，合计其全年基本收入和效益收入，再按 12 个月平均计算实际应纳的税款。

对年薪制个人所得税的计算方法实际上是将经营者个人的全年收入总额按 12 个月平均分摊计算，这样可以有效避免超额累进税率带来的高税负。

### 二、工资、奖金均衡发放可节税

特定行业的工资、薪金所得应纳税款，可以实行按年计算、分月预缴的方式计征。这些行业是采掘业、远洋运输业、远洋捕捞业以及财政部确定的其他行业。这些行业的纳税人可以利用这项政策使其收入平均化达到降低税负的目的。当纳税人在其他行业遇到每月工资变化幅度较大的情况时，也可以借鉴该项政策的做法，即将每月收入平均分摊，这样就可以相应降低适应税率档次，避开高税负，减少应缴税款，获得一定的经济利益。

## 三、年终奖金发放需注意税率临界点

《关于调整个人取得全年一次性奖金等计算征收个人所得税方法问题的通知》规定：“个人当月取得的全年一次性奖金（包括年终加薪、实行年薪制和年终绩效挂钩的年底考核兑现收入等），除以12个月，按其商数确定适应税率和速算扣除数，亦即年终奖金单独作一个月工薪所得计算纳税。”

由于个人所得税实行的是超额累进税率，每档税率级差5%，如果年终奖金除以12的商数靠近不同税率的临界点，可能出现奖金数多而税后收入少的情况。出现这一问题的原因在于规定的奖金计税办法实质已演变成了“全额累进税率”，而不是薪酬计税部分中的“超额累进税率”了。因此，临界点出现税率跳档会在一定区间引起“得不偿失”的结果。

### 年终奖发放的纳税筹划

《国家税务总局关于调整个人取得全年一次性奖金等计算征收个人所得税方法问题的通知》规定：个人取得一次性奖金或年终加薪，有两种情况计算缴纳个人所得税。

1. 个人取得全年一次性奖金且获取奖金当月个人的工资、薪金所得高于（或等于）税法规定的费用扣除额的，以全年一次性奖金总额除以12个月，按其商数对照工资、薪金所得项目“七级税率表”，确定适用税率和对应的速算扣除数，计算缴纳个人所得税。

2. 个人取得全年一次性奖金且获取奖金当月个人的工资、薪金所得低于税法规定的费用扣除额的，用全年一次性奖金减去“个人当月工资、薪金多得与费用扣除额的差额”后的余额除以12个月，按其商数对照工资、薪金所得项目“七级税率表”，确定适用税率和对应的速算扣除数，计算缴纳个人所得税。

工资、薪金所得项目“速算扣除数”实行的是超额累进税率，只要月收入超过了工资、薪金项目“七级税率表”中的全月含税应纳所得额的“临界点”，就进入下一个更高的税率，税负也同时增加。

基于以上政策规定，企业给员工发放年终奖时，可以采用以下纳税筹划方案：企业发放年终奖时，一定要回避纳税“临界点”，即全年一次性奖金总额除以12个月的商数必须在工资、薪金所得项目“七级税率表”中的含税级距之内，如果超过纳税“临界点”，就应该将超过的部分下次发放。

# 资金筹集中的纳税筹划

## 筹资要考虑资本结构

企业筹集资金是为了满足经营的需要，而企业经营活动又是以提高经济效益为核心的。因此，筹集资金要讲求经济效益，这就必须要考虑资本结构问题，因为资本结构的变动会影响企业理财业绩。在进行筹资的纳税筹划时，应着重考察以下几个方面：

1. 企业的最优资本结构（企业的资本由长短期债务和股东权益组成，资本结构是指债务和股东权益在总资本额中的比例）。

2. 筹资活动会使资本结构发生什么变化。

3. 资本结构的变化对企业税务负担及业绩的影响。

在对上述三方面进行分析后，找出使企业业主税后收益最大化的筹资方案。

资本结构是由筹资方式决定的，不同的筹资方式形成不同的资金成本。企业筹资方式主要有负债筹资和权益筹资两大类型。负债筹资主要有银行借款、非金融机构或企业借款、发行企业债券等。权益筹资主要有发行股票、企业自我积累、内部集资等。

## 权益筹资和负债筹资的选择

按照现行税法规定，权益性筹资与企业的税收无关。因为向投资者分散投资利润（股利）是在所得税后进行的。而债务性筹资所支付的利息，通常在所得税前列支，所以负债可以为企业带来税额庇护利益。筹资方式的不同会形成纳税上的差异，从而产生负债和权益资本对企业的税收成本和业绩的不同影响。

企业如何合理地确定负债和权益资本的比例关系呢？资本结构理论以股东财富最大化为目标，负债比率合理与否，制约着企业风险、成本的大小，在相当大的程度上影响着企业的税收负担以及权益资本收益实现的水平。

当企业全部资金利润率高于贷款利率时，企业可以较多地利用负债筹资的方式筹集资金，从而增加所有者（股东）资金的收益率；当企业盈利水平较低，资金利润率等于或低于贷款利率时，利用贷款已不能给企业带来额外的收益，甚至还会减少企业收益时，应当减少负债筹资，以免使所有者（股东）资金的收益率降低。

# 投资决策中的纳税筹划

## 企业组织形式的选择

在市场经济条件下，企业的组织行为分为公司企业、合伙企业和独资企业三类。从资金来源角度进行分类，又可以分为内资企业、中外合资企业和中外合作企业。

比较公司企业和合伙企业，两者的纳税区别在于：公司的营业利润在企业环节要征收企业所得税，税后利润以分红派息的形式分配给投资者，投资者按规定再交个人所得税；而合伙企业的营业利润不交企业所得税，各个合伙人只是按分得收益缴纳个人所得税。

在投资决策时，投资者应根据自身特点和需要慎重筹划以何种形式组建企业。另外，投资者可以根据需要决定是否引进外资参股以享受国家对外商投资企业的税收优惠政策。

## 设置分支机构的选择

随着业务的发展，不断发展中的企业将面临是设置分公司还是设置子公司对企业更有利的选择。由于分公司和子公司的税收待遇有所差别，总公司应权衡利弊后决定。

分公司不是独立法人，相当于一个办事处，不能享受税收优惠待遇。但其作为总公司的一部分，所发生的亏损或损失可抵减总公司账面利润。子公司与总公司一样是独立法人，可以享受税收优惠政策，需独立承担盈亏。仅从纳税筹划这个角度来说，在创立初期难以盈利的行业，设置分公司为宜，这样可以抵减总公司的利润，减少税收；初期就能盈利的行业，可以设立为子公司，以充分享受有关税收优惠政策。

### 投资地区的选择

投资地区的选择主要是企业要充分利用不同地区的税制差别及区域性税收优惠政策。我国现行政策规定，在经济特区、沿海经济开发区及国务院批准的高新技术开发区的企业所得税率一般低于其他地区。为了配合西部大开发，国家相继出台了一些税收优惠政策。因此，企业若在国内进行投资，应该根据自身特点，选择好投资地区，尽量去享受有关税收的优惠政策。

### 企业投资方式的选择

国家为了鼓励中外合资企业引进国外先进的机器设备，给予外方出资的机器设备、零部件及其他物件免征关税和进口环节的增值税的优惠，企业应视具体情况及相关税法的规定去把握。

# 利润分配及兼并过程中的纳税筹划

## 选取利润分配次序，合理节税

利润如何分配的问题关系到企业未来的发展，也牵涉一系列的税收问题。正视利润分配进程中纳税行为的存在，并尽量采取合法的措施和手段，减少或降低利润分配过程中的税收成本，也是企业纳税筹划的重要内容。

在利润分配过程中是采取先税后利，还是先利后税，其所导致的结果会有很大差别。在实际分配利润时，一般不分配股息，或者说全部作为股息分配的很少。在可分配利润中，究竟有多少用于股息，多少用于留存利润，要受股东对股息需求情况的影响，受企业筹措资金的难易度以及纳税情况的影响。

## 运用亏损递延条款，合法避税

企业兼并是企业发展的一种重要形式。企业可以利用税法中亏损递延条款来达到管理避税的目的。亏损递延指的是，如果某公司在一年内出现亏损，该企业可以免付当年的所得税，它的亏损可以向后延递，以抵消以后几年的盈余，企业根据抵消后的盈余缴纳所得税。

因此，如果一家企业一年中严重亏损，或连续几年都不曾盈利，当亏损数量累积到一定数量时，这家企业往往会被考虑作为兼并对象，或者考虑兼并一家盈利企业，以充分发挥合法避税的优势。在兼并过程中，买方企业也可以不将兼并企业的股票直接转换成新的股票，而是将它们转换为可转换债券，过一段时间后再将它们转换为普通股票。由于债券的利息预先从收入中减去，便可以少缴纳所得税。

# 会计核算中的纳税筹划

## 营业收入的纳税筹划

选择不同的会计处理方法将影响企业各期的收入和成本费用，进而影响企业应缴所得税的数额，企业应选择税法承认的方法进行会计核算的纳税筹划。

营业收入的筹划包括销售收入实现时间或销售方式和产品价格的确定两个方面。

1. 销售收入实现时间或销售方式的纳税筹划。销售收入实现时间是与结算方式密切相关的。现销方式和赊销方式就意味着销售收入实现时间的不同。关于销售收入纳税义务发生的时间，亦即产品销售收入实现的时间，在增值税和企业所得税有关税法中都有明确的规定。企业销售收入实现的时间因结算方式的不同而不同，因此在筹划销售收入实现时间的过程中须选择与之匹配的结算方式。

2. 产品价格的纳税筹划。通过销售产品价格来减轻税负，有销售价格选择与转移定价两种方式。

商品的价格以它的价值为基础，价格是价值的货币体现，同时它也受供求关系的影响。企业作为自负盈亏的市场主体有权根据市场供求和各种战略目标确定销售价格。一些企业集团，尤其是跨国公司常常利用关联企业之间的业务往来，对产品、原材料、租金、劳务费等制定其特殊的内部价格，以实现减低其整体税负的目的。

转移定价的基本操作思路是，在关联企业之间进行的活物、劳务等交易中，当卖方处于高税区而买方处于低税区时，其交易就以低于市场价格的内部价格进行。

## 费用列支的税务筹划

企业的费用分为营业成本和期间费用两个部分。营业成本主要是指商品成本和服务成本，期间费用是指在一定的生产期间所发生的费用，包括销售费用、管理费用和财务费用三部分。

在营业收入一定的情况下，费用增加，利润就会减少，这样企业的应税额就会变小，从而达到税负减轻的效果。对费用列支的税收筹划，是在税法允许的范围内做到：已经发生的费用要及时入账，如已发生的坏账、存货盘存及毁损的合理部分都应及时列作费用；及时将能够合理预提的费用入账；尽可能缩短费用的摊销期，根据实际情况采用对自己有利的费用分摊方法。

## 固定资产折旧的纳税筹划

固定资产价值通过折旧形式转移到成本费用中，折旧额的多少取决于固定资产的计价、折旧年限和折旧方法。按照税法的规定，购入的固定资产按购入价加上包装费、运杂费、安装费及缴纳的税金后的价值计价。

由于折旧费用在未来较长时间内陆续计提，为降低本期税负，新增固定资产的入账价值要尽可能低。例如，成套的固定资产，其易损件、小配件可单独开票作为低值易耗品入账，因低值易耗品领用时可一次或分次直接计入当期费用，降低当期的应税所得额；在建工程则要尽早转入固定资产，以便尽早提取折旧，若整体固定资产工期长，在完工部分已经投入使用时，对该部分最好分项决算，以便尽早计入固定资产账户。

固定资产折旧采用缩短折旧年限的方法有利于加速成本回收，使后期成本费用前移，从而使前期会计利润发生后移，在税率不变的情况下，可使企业所得税递延缴纳。需要注意的是，税法规定了最低的固定资产折旧年限，所以税务筹划不能突破折旧年限的最低要求。

若企业享受开办初期的减免税或低税率照顾，在税率预期上升时购入的固定资产就不宜缩短折旧年限，避免将折旧费用提前到免税期间或低税期间实现，进而减少企业享受税收优惠待遇。只有在税率预期下降时缩短折旧年限才能在实现货币时间价值的同时达到少纳税的目的。若企业所得税税率预期不会上升，采用加速折旧法可少缴企业所得税，尽快收回资金，加速资金周转。但税法规定，只有当企业的固定资产由于技术进步等原因确实需要加速折旧的，才能缩短折旧年限或采取加速折旧法。因此，纳税人应尽可能创造条件达到实行加速折旧法的要求。

### 存货计价的纳税筹划

存货计价法有先进先出法、加权平均法、移动平均法、个别计价法、计划成本法、毛利率法和零售价法等，它们对货物的期末库存成本和销售成本的影响不同，继而影响当期应税所得额的大小，尤其是在物价持续上涨或下跌的情况下影响程度更大。

比如，在物价持续下跌的情况下，采用先进先出法，税负会降低；由于盈利企业的存货成本可最大限度地在本期所得额中税前抵扣，因此应选择能使本期成本最大化的计价方法；亏损企业选择计价方法应与亏损弥补情况相结合，选择的计价方法必须使不能得到或不能完全得到税前弥补的亏损年度的成本费用降低，使成本费用延迟到以后能够完全得到抵补的时期，从而保证成本费用的抵税效果得到最大限度的发挥。

如果企业正处于企业所得税的减税或免税期，意味着企业获得的利润越多，得到的减免税额就越多。因此，应选择减免税优惠期间内存货成本最小化的计价方法，减少存货费用的当期摊入，扩大当期利润。相反，处于非税收优惠期间时，应选择使得存货成本最大化的计价方法，将当期的存货费用尽量扩大，以达到减少当期利润、推迟纳税期的目的。

# 企业并购与分立的纳税筹划与管理

## 企业并购的纳税筹划与管理

合并是指一家或多家企业（以下称为“被合并企业”）将其全部资产和负债转让给另一家现存或新设企业（以下称为“合并企业”），被合并企业股东换取合并企业的股权或非股权支付，实现两个或两个以上企业的依法合并。

**一、企业合并的一般性税务处理规定**

当事各方应按下列规定处理：

1. 合并企业应按公允价值确定接受被合并企业各项资产和负债的计税基础。

2. 被合并企业及其股东都应按清算进行所得税处理。

3. 被合并企业的亏损不得在合并企业结转弥补。

**二、企业合并的特殊性税务处理规定**

企业股东在该企业合并发生时取得的股权支付金额不低于其交易支付总额的 85%，可以选择按以下规定处理：

1. 合并企业接受被合并企业资产和负债的计税基础，以被合并企业的原有计税基础来确定。

2. 被合并企业合并前的相关所得税事项由合并企业承继。

3. 可由合并企业弥补的被合并企业亏损的限额 = 被合并企业净资产公允价值 × 截至合并业务发生当年末国家发行的最长期限的国债利率。

4. 被合并企业股东取得合并企业股权的计税基础，以其原持有的被合并企业股权的计税基础确定。

**三、企业并购纳税筹划的应用范围**

企业并购过程中不可避免地涉及企业的税收负担及筹划节税问题。企业并购筹划是指企业利用并购及资产重组手段，改变其组织形式及股权关系，实现税负降低的筹划方法，一般应用于以下五个方面：

1. 并购、重组后的企业可以进入新的领域、新的行业。

2. 并购有大量亏损的企业，可以盈亏抵补，实现低成本扩张。

3. 企业并购可以减少关联企业或上下游企业流通环节，合理规避流转税和印花税。

4. 企业并购可能改变纳税主体性质，如企业可能因为合并而由小规模纳税人变为一般纳税人，或由内资企业变为中外合资企业。

5. 企业并购因规模扩充能够提高应提取折旧的资产总额，获取折旧抵税利益。

**四、企业并购纳税筹划方法**

1. 选择并购目标。

（1）考察目标企业的财务状况。并购企业若有较高的盈利水平，为降低其整体税负，可以选择一家有大量净经营亏损的企业作为并购目标。通过合并后盈亏抵补，实现企业所得税的免除。如果合并纳税中出现亏损，并购企业的亏损能够递延至以后期间，合理推迟纳税。因此，目标企业尚未弥补的亏损和尚未享受完的税收优惠应当是决定是否并购的一个重要因素。并购亏损企业一般采用吸收合并或控股兼并的方式。此类并购活动必须警惕亏损企业可能给并购后的企业带来不良影响，防止并购企业被拖入亏损境地。

（2）考察目标企业所在地及税收环境状况。在其他条件相同的情况下，税负最低的是国家重点扶持的高新技术企业、小微企业。并购方若从税收战略角度出发，选择能享受到这些优惠政策的目标企业作为并购对象，并购后可以继续享受相关税收优惠政策。

2.选择并购出资方式。

并购按出资方式可分为以下三种：现金购买资产式并购、现金购买股票式并购、股票换资产式并购。前两种方式属于货币出资，在并购过程中需要缴纳企业所得税。第三种并购以股票方式出资，不用确认转让资产所得，因此不用缴纳所得税。对目标企业股东来说，由于未收到现金，不需要确认资本利得，直到股东出售其股票时才缴纳个人所得税，目标企业股东可以享受延期纳税的好处。

股票换资产式并购在整个资本运作过程中没有产生现金流，也没有实现资本利得，因而这一过程是免税的。股权置换式并购可分为以下三种类型：

（1）吸收合并与新设合并。在吸收合并方式下，目标企业的股东用其所持有的目标企业的股票换取并购企业的股票，成为并购企业的股东，目标企业不再存在；在新设合并方式下，目标企业和并购企业的股东都将其持有的股票换取新成立的企业的股票，成为新设企业的股东，原有的两个企业都不再存在。

（2）相互持股合并。并购企业与目标企业进行股票交换，相互持股。通常来说，并购企业的持股比例更大，可以对目标企业的管理决策施加更大的影响力。在相互持股并购中，目标企业既可以通过清偿进入并购企业而不复存在，也可以仍然作为独立经营的实体而存在。

（3）股票换资产式合并。目标企业将资产出售给并购企业以换取并购企业的有投票权股票，然后目标企业清偿，将并购企业的股票交给其股东以换回已被注销的目标企业的股票。一般情况下，收购企业购买的股权不低于被收购企业全部股权的50%。

在股票换资产式合并方式下，资产评估价值往往高于账面价值，并购企业可获得增加的折旧扣税额。而在目标企业的资产账面价值大于其市场价值的情况下，并购企业倾向于采用股票换股票的免税并购方式，使目标企业的资产原封不动地结转给并购企业。

如果并购企业将目标企业的股票转换为可转换债券，经过一段时间后再将它们转换为普通股股票，企业支付这些债券的利息可从税前利润中减去，从而减少并购企业的所得税缴纳。

在免税重组交易下，目标企业的股东不需要立刻确认形成的资本利得，因而不需缴纳企业所得税。企业通过股权置换式并购，可以在不纳税的情况下，实现资产的流动与转移。

3. 选择并购会计处理方法。

由于交易方式的差别，三种类型的股权置换式并购都属于免税并购，在会计处理时有购买法和权益结合法两种方法。在两种会计处理方法下，对重组资产的确认、公允价值与账面价值的差额处理等有着不同的规定，它们影响着重组后企业的整体纳税状况。

在购买法下，并购企业支付给目标企业的购买价格不等于目标企业净资产的账面价值。在购买日将构成净资产价值的各个资产项目按评估的公允价值入账，公允价值超过净资产账面价值的差额在会计上作为商誉处理。固定资产因公允价值超过账面价值形成的增值会提高折旧费用，产生一定的节税效果，故股票换资产式并购宜采用购买法。权益结合法仅适用于发行普通股换取被并购企业的普通股的情况。

购买法与权益结合法相比，资产被确认的价值较高，并且由于增加折旧引起净利润的减少，会形成节税效果。但购买法会引起企业的现金流出增加或负债增加，从而相对降低了资产回报率，因此纳税筹划要全面衡量得失。

## 企业分立的纳税筹划与管理

### 一、企业分立的一般性税务处理规定

当事各方应按下列规定处理：

1. 被分立企业对分立出去的资产应按公允价值确认资产转让所得或损失。

2. 分立企业应按公允价值确认接受资产的计税基础。

3. 被分立企业继续存在时，其股东取得的对价应视同被分立企业分配进行处理。

4. 被分立企业不再继续存在时，被分立企业及其股东都应按清算进行所得税处理。

5. 企业分立相关企业的亏损不得相互结转弥补。

## 二、企业分立纳税筹划的应用范围

企业分立是一种产权结构的调整，是指一家企业依照法律或者合同规定分为两个或两个以上的企业的行为。企业分立有利于企业更好地适应环境和利用税收政策获得税收方面的利益。

分立纳税筹划利用分拆手段，可以有效地改变企业规模和组织形式，降低企业整体税负。分立筹划一般应用于以下方面：

1. 企业分立为多个纳税主体，可以形成有关联关系的企业群，实施集团化管理和系统化筹划。

2. 企业分立可以将兼营或混合销售中的低税率或零税率业务独立出来，单独计税降低税负。

3. 企业分立使适用累进税率的纳税主体分化成两个或多个适用低税率的纳税主体，税负自然降低。

4. 企业分立可以增加一道流通环节，有利于流转税抵扣及转让定价策略的运用。

## 三、企业分立纳税筹划方法

企业分立不可避免地会影响到税收。税法规定了免税分立与应税分立两种模式，纳税人在实施企业分立时应尽量利用免税分立进行筹划，合理降低企业税负。

通常，被分立企业应视为按公允价值转让其被分离出去的部分或全部资产，并按规定计算被分立资产的财产转让所得或损失，依法缴纳企业所得税。分立资产按照公允价值计价是为了防止因资产账面价值的低估而造成资产流失，凡是超出原分立资产账面价值的部分，应按财产转让所得缴纳企业所得税。

被分立企业所有股东按原持股比例取得分立企业的股权，分立企业和被分立企业均不改变原来的实质经营活动，且被分立企业股东在该企业分立发生时取得的股权支付金额不低于其交易支付总额的 85%，可以选择按以下规定处理：

1. 分立企业接受被分立企业资产和负债的计税基础，并以被分立企业的原有计税基础确定。

2. 被分立企业已分立出去资产相应的所得税事项由分立企业承继。

3. 被分立企业未超过法定弥补期限的亏损额可按分立资产占全部资产的比例进行分配，由分立企业继续弥补。

4. 被分立企业的股东取得分立企业的股权，如需部分或全部放弃原持有的被分立企业的股权，“新股”的计税基础应以放弃“旧股”的计税基础确定。如不需放弃“旧股”，则其取得“新股”的计税基础可从以下两种方法中选择确定：直接将“新股”的计税基础确定为零；或以被分立企业分立出去的净资产占被分立企业全部净资产的比例先调减原持有的“旧股”的计税基础，再将调减的计税基础平均分配到“新股”上。

# 第九章
# 税务内控，筑牢企业防火墙

# 合理避税、合法节税

## 合理避税等于创造利润

避税是纳税人在不违反税法规定的范围内，采取一定的形式、方法和手段，避免或者减轻税负的行为。

合理避税实质上是为企业创造利润。老板要了解国家税收优惠政策，积极为企业创造享受优惠税率的条件。有效的纳税筹划能帮助企业合理避税或推迟缴纳税费，提高企业资金的流动性。

避税有悖于政府的税收政策导向，但并不违法。合法避税是企业的经济权利。一些企业避税的主要手段是利用关联交易，高进低出。一些外商投资中国的资金中60%以上是借贷资金，即便是实力雄厚的国际公司也向境内外银行借大量资金，利用税前列支利息，达到少缴或免缴企业所得税的目的。

企业合法避税的手段还有转让定价、贷款高利率、资产评估提高折旧、国际避税地建公司等。以国际避税地建公司为例，一些企业在国际避税地建立公司，然后通过避税地的公司与其他地方的公司进行商业、财务运作，把利润转移到避税地，靠避税地的免税收获低税收，减少税负。在长三角地区，一些外资企业的投资方来自英属维尔京群岛等地，而实际上，它们可能在岛上只有一间办公室。转让定价是现代企业特别是跨国公司进行国际避税借用的重要手段，它们通过从高税国向低税国或避税地以较低的内部转让定价销售商品和分配费用，或者从低税国或避税地向高税国以较高的内部转让定价销售商品和分配费用，使国际关联企业的整体税收负担减轻。许多避税活动都与转让定价有关。“转移定价”这种“长亏不倒”的做法在很多外企中也很盛行。

### 避税不等于偷税、漏税

非法逃税与合法避税之间有清晰的界限。偷税、逃税都由少缴税所致。偷税的标准是实施有欺骗行为，或者有拒不申报的行为；否则就不算偷税，而应归之于漏税。因为偷税、漏税等少缴税行为导致的滞纳金、补税、罚款，是最常见的税务风险。判断企业是否偷税，只有一个标准，即是否有证据证明企业实施了隐瞒行为。

避税不等于偷税、漏税。避税是纳税人采取利用某种法律上的漏洞或含糊之处的方式来安排自己的事务，以减少他本应承担的纳税数额。虽然避税违反了税收立法意图，有悖于政府的税收政策导向，可能被认为是不道德的，但它所使用的方式是合法的，不具有欺诈性质。因而避税并不违法，法律上存在“合理避税”之说。正因如此，很多企业采取各种招数，以达到合理避税的目的。

合理避税并非对法律的违背和践踏，是指在法律允许的情况下，通过不违法的手段对经营活动和财务活动精心安排，尽量满足税法条文所规定的条件，以达到减轻税负的目的。避税也不排除利用税法上的某些漏洞或含糊之处来安排自己的经济活动，以减少自己所承担的纳税数额。纳税人理解、分析和研究合理避税并不断进行实践，不仅可以给自己直接带来经济利益和货币收入，使其创造的商品价值和商业利润有更多的部分合法留归纳税人自己，还能够帮助纳税人正确树立法制观念和依法纳税意识，从而提高纳税人素质。

合理避税以尊重税法、遵守税法为前提，以对法律和税收的详尽理解、分析和研究为基础，是对现有税法不完善及其特有的缺陷的发现和利用。同时，合理避税有助于保证政府和执法部门及时发现税制及税法中所存在的问题，根据社会经济发展和税收征收管理的实践进一步健全税收制度，完善税法，实现经济生活和社会生活规范化，建立一个健全的法律社会，助力企业的健康发展。

## 合理避税也是有价值的纳税筹划

企业避税实质上是利用现有税法中的漏洞进行规避税收负担的一种方法。企业老板往往有一种误解，即避税一定是好的，能够节约成本。实际上，各国税务部门对企业避税现象都在不同程度上采取了反避税的措施，从而使有些避税行为不能生效。而且，企业所进行的一些大额避税活动往往是有成本的，所以老板在税务问题上应把握的原则是：按避税的性质分别处理，尽量利用合法的避税方式，而不进行形式合法而内容不合法的避税活动。

避税大体上有三种形式：合法型、非违法型、形式合法而内容不合法型。企业避税常用手法有以下几种：

1. 转让定价。通过关联企业，达到最大限度地逃避纳税义务。对产品、劳务的交易不按市场价格进行，在税率高地区采用高进低出，在低税率地区采用低进高出，以达到整体避税。

2. 企业存货计价避税。利用企业内部具体的核算方法和存货的市场价格变动，采用高转成本、低转利润的办法。

3. 折旧。采用税法允许而对企业有利的折旧方法。

4. 资产摊销法。对无形资产、递延资产、低值易耗品、包装物、材料的摊销尽可能保持成本最大化，税前利润最小化。

5. 筹资租赁法。以支付租金的方法降低企业利润和税基。

6. 信托手段。通过在税收优惠地区设置信托机构，让非优惠地区的财产挂靠在优惠地区的信托机构名下，利用税收优惠政策避税。

7. 挂靠避税。例如将企业挂靠在科研、福利、教育类机构或老少边穷地区。

## 建立完善的税务管理制度，加强融资管理

企业在实际运营过程中，利用合理的纳税筹划与避税技术，不仅能提高企业的财务水平，还能推动企业的经济效益不断提升。企业老板可以通过合理利用避税技术，对各项经济活动展开全面分析，并制定高效的纳税筹划方案，对企业的经营结构进行调整，在满足优惠政策条件的基础上，实现降低税收负担的基础目标；通过完善财务管控模式的方式，对企业的经营结构进行优化与调整，逐步实现企业经济效益最大化的发展目标，让企业能够在激烈的市场竞争中站稳脚跟。

要想让企业在激烈的市场竞争中站稳脚跟，老板就应当对税法进行全面的了解，为企业纳税筹划工作提供重要的法律法规依据。就目前的税法进行分析，税务体系的层次较多，且具有复杂性的特点，同时，执行力对企业的长远发展也至关重要，因此，老板和相关的税务人员务必要结合实际情况，逐步优化纳税筹划工作流程，建立完善的纳税筹划质量控制体系，加强内控执行力，针对具体的纳税筹划项目制定责任制，保证企业税务工作人员的分工明确，将税务管理目标下达到各个层级与岗位中，使相关的工作人员能够明确自身的基本职责，进而为纳税筹划的合理性提供重要依据，避免税务风险与经营风险的发生。

基于此，企业在开展纳税筹划与避税的过程中，应当根据税收政策的变化，制定长远的发展计划，并进行不断的优化与完善，逐步建立健全监督体系，对企业的资金使用情况进行监督，进而推动企业后续活动的开展。

企业在开展融资活动过程中，应该将债务筹资产生的利息在纳税之前扣除，进而减少投资成本。但是股息只能在税后进行利润分配，无法利用在费用的支出过程中。企业老板应当展开全局性的分析，若企业息税前的利润超过需要承担的利息，那么通过增加负债的方式能够在一定程度上增加权益资本的利润率。企业采取融资租赁的方式进行筹资，不仅能够避免财务风险与经营风险的发生，还能够有效降低税务成本。

## 建立纳税筹划风险预警机制，提高竞争力

企业在开展纳税筹划的过程中，税务筹划目的具有一定的特殊性。因此，涉税风险无处不在。

企业要想获得更高的经济效益，就要逐步建立科学、高效的税务筹划预警系统，对实际运营过程中的风险因素进行统计与分析，逐步建立完善的信息系统，对纳税筹划的各个环节进行管控，开展动态化的监督。但就实际情况进行分析，在税务方面的法律本身就具有一定的不确定性，各个工作人员对法规的理解也不尽相同，进而导致企业的纳税筹划人员无法把控准确的税务风险防范措施。

因此，企业在开展纳税筹划的过程中，应当对税收政策有基本的认识，还要加强与税务机关之间的沟通，树立良好的沟通机制，正确达到对税法理解的一致性，并保证纳税筹划方案的合理性，在分析出税务风险即将发生时，相关的税务人员能够及时作出相应的优化措施，将税务风险扼杀在萌芽中。

与此同时，在建立纳税筹划风险预警机制的过程中，企业税务人员应当结合企业的盈利水平与发展目标，对纳税筹划方案进行修整与优化，比如，收集国家与地方的税务政策、信息，保证相关的

税务人员能够及时掌握动态化信息，将纳税筹划的积极作用发挥到最大化，逐步建立适合企业战略性发展的管控模式，从根本上提高企业的核心竞争力。

### 掌握税收优惠政策，减少纳税成本

税收优惠政策是税收制度中最基本的要素。合理运用税收优惠政策，能够保证企业纳税筹划工作的顺利开展。纳税人通过税收优惠政策的运用，将各种情况考虑进来，进行事先安排，能够在一定程度上保证纳税筹划的合理性与高效性。企业应当对国家颁布的最新税收政策有充分的了解，并结合企业的长远发展目标，利用相应的避税措施，促进企业的综合性发展。

就实际情况进行分析，企业老板应当对避税的力度进行掌控，对各项经济活动进行全面考虑，逐步展开纳税筹划工作，避免因盲目投资导致的风险问题。在企业的实际运营过程中，纳税筹划是最重要的环节，是企业履行纳税义务的基础，通过适当的措施能够有效降低纳税成本支出。老板应当加强对纳税筹划的实施与管控，在企业内部加强对纳税筹划思想的宣传工作，保证财务人员对相关税收政策有充分的掌握。

老板要逐步强化对税收政策的学习，明确国家全新出台的税收优惠政策，了解国家与地区的税收法律法规，并对不同的纳税方案进行比较，立足于实际情况，选出最合适的方案，对企业的纳税成本进行全面的管控，保证企业的税务筹划工作能从根本上符合法律法规的规定。

另外，企业利用信息化的手段，能够对各个环节产生的票据进行集中管理，并对资金支付情况展开审核，对项目交易的实际情况进行全过程管控，使相关的财务人员能够对税务与账务进行集中管理，制定统一的纳税筹划方案。必要时，企业老板可成立专门的小组进行税收政策的探讨。

最后，通过加强纳税筹划的核算力度与计划完整性，建立健全稽查体系，将纳税筹划管理目标落实到各个环节与岗位中，进而为提高企业的纳税筹划水平打下稳固基础，为企业的健康长远发展开辟更加广阔的道路。

## 企业合法避税应注意的问题

### 一、合法避税是企业应有的权益

现代意义上的税收应该是在税收法律规范下的税收。在法治社会中，企业权利应是具体的设立权、发展权、人权、财权、物权、借贷权、经营决策权、产品开发权及税务筹划权等。这些权利与相应的利益是实实在在的企业权益内容，是企业权益的外在形式得以体现的质的规定性。

合法避税是企业对社会赋予其权利的具体运用。企业在法律允许或不违反税法的前提下，有从事经济活动、获取收益的权利，有选择生存与发展、兼并与破产的权利，纳税筹划所取得的收益应属合法收益，它不该因企业的所有制性质、组织形式、经营状况、贡献大小的不同而不等。反对企业正当的避税活动，恰恰助长了偷税、逃税及抗税等违法行为的滋生。

因此，鼓励企业依法纳税、遵守税法的最明智的办法是让企业充分享受其应有的权利，其中包括合法避税，而不是剥夺其权利，促使其走违法之道。合法避税对完善税法、最大限度地避免和减少涉税犯罪、提高纳税人的税收法律意识有重要的意义。

### 二、合法避税要规避的思想误区

合法避税正在逐渐被人们了解和认可。但企业老板要从根本上避免陷入误区。合法避税是指在尊重税法、依法纳税的前提下，纳税人采取适当的手段对纳税义务的规避，减少税务上的支出。合理避税并不是逃税、漏税，它是一种正常合法的活动；合理避税也不仅仅是财务部门的事，还需要各个部门的合作，从合同签订、款项收付等各个方面入手。避税是企业在遵守税法、依法纳税的前提下，以对法律和税收的详尽研究为基础，对现有税法规定的不同税率、不同纳税方式的灵活利用，使企业创造的利润有更多的部分合法留归企业。它如同法庭上的辩护律师，在法律规定范围内，最大限度地保护当事人的合法权益。

必须强调一点：合法规避税收与偷税、漏税，以及弄虚作假钻税法空子有质的区别。

# 企业税务风险的管理

## 企业税务风险的形成机制

企业税务风险的形成机制包括外部形成机制和内部形成机制，具体有以下几方面：

**一、政策风险**

政策风险是指纳税人利用国家政策进行税务活动时违反税法规定造成的不确定性。政策风险又可分为政策选择风险和政策变化风险。政策选择风险即错误选择政策的风险。由于纳税人对政策的误解，自认为税务处理符合一个地方或一个国家的政策或法规，但实际上由于政策的差异或认识的偏差往往会受到相关的限制或打击。政策变化风险是由政策变动所导致的风险。

目前，我国市场经济发展越来越快，因税法的不完善削弱了税法的可预见性，加大了企业的纳税风险。尤其在当前形势下，为了适应不同发展时期的需要，新政策不断出台，有关税收的相关法律法规的频繁变动，使企业一时无法适应，导致税务风险加大，特别是一些“红头文件”在相当程度上对税收立法做出了隐性或显性的修改，比如税率、抵扣率、出口退税率的调整，都会直接影响企业纳税义务的有无和多少。

**二、客观经营环境的风险**

客观经营环境带来的税收风险，尤其是税收秩序方面存在的一些社会问题，也会对纳税人造成较大的影响。例如，虚开、代开增值税发票会给纳税人带来巨大的税收风险。虚假发票、违法犯罪行为防不胜防，许多无辜企业因此承担连带责任。因此，企业应该树立足够的防范意识，避免被动进入“税收陷阱”。

**三、企业自身内部原因造成的税收风险**

纳税人滥用税法或做出偷税行为都会带来税收风险。现阶段，为了适应经济发展的需要，税收政策的变化比较频繁，企业如果不能及时调整自己的涉税业务，会使自己的纳税行为由合法转变为不合法，从而面临较大的税收风险。

企业税务风险产生的内部原因包括以下几个方面：

1. 缺乏税务风险意识。企业税务工作复杂，深深嵌入生产经营过程当中，涉及《企业会计准则》、税收法律法规以及税务部门的解释，且与企业的业务流程紧密相关。多数企业缺乏税务风险意识，对税务风险控制缺乏管理，有些老板对纳税筹划理解扭曲，导致了税务风险，加上税收法律法规在不断更新修订中，也增加了企业的税务风险。

2. 缺乏税务方面的内部控制体系。多数企业缺乏对税务风险的足够重视，以及人力、财力等多方面的原因，没有建立专门的税务内部控制制度。企业税务内部控制体系的缺失，容易给企业带来深层次的税务风险。

3. 缺乏纳税专业人才和机构。由于税收政策的变化，企业相关人员不了解、不熟悉税收政策的变化，容易造成漏缴、错缴税款等情况。为了增加自己的利润，减少成本，有些企业老板还会要求相关人员做出违背职业道德的行为，如伪造、变造、隐匿记账凭证等，这些都会增加企业的税收风险。

4. 企业涉税数据的获取流程不合理。首先，纳税申报、纳税筹划所需数据不能从企业财务会计体系中直接取用，需经过分析加工，分析加工的过程需要大量经验积累与主观判断，难免会存在一定的误差，也会带来税务风险。其次，涉税岗位未能参与商业决定的全过程，特别是一些复杂的交易，如并购交易，常常在商业决定的最后时刻才参与，这也加大了税务风险。最后，纳税部门缺少对数据的控制。由于纳税部门处于企业数据处理链条的末端，而且对多数数据提供者和数据本身没有控制力，导致纳税工作不能及时、准确地获得有用的信息。

5. 企业经营多元化带来的税务风险。经济发展的全球化使得很多企业规模日益增大，业务涉及的行业也越来越多，接触的税种也越多，有的业务涉及增值税，有的涉及消费税，企业经营活动的复杂性极大地增加了税收风险。且随着企业并购数量的增加，由于信息的不对称，企业对被并购企业的纳税情况往往缺乏充分的调查，在收购或兼并完成后才发现这些企业存在税务问题，这会给企业带来很大的损失。例如，如果被兼并的企业存在以前年度的偷税问题，一经发现，税务机关就会要求企业承担补足税款并支付罚款金额，这就会增加企业的税收负担。

6. 纳税筹划不当导致的税务风险。有些企业没有设置税务岗位或者设置了税务岗位但只是机械地按照规定履行纳税义务，没有将纳税筹划的理念运用到实际工作中，对企业的税务没有进行事前、事中及事后的筹划，没有发挥其应有的作用。有些企业进行了纳税筹划但偏于主观的判断，没有对政策进行深入的理解和分析，导致纳税筹划没有起到降低企业税负的作用。

7. 未建立税务风险预警机制导致的税务风险。税务风险具有不确定性，但是如果对税务风险进行科学的管理和评估也能够发现其中的规律。实践证明，完备的税务风险预警机制可以对企业潜在的税务风险起到有效的缓冲及规避作用。

企业如果不能有效管理税务风险，往往会导致财务或声誉方面的巨大损失，降低企业价值，损害股东利益。但税务风险管理也并不是追求风险最小化甚至是零风险，因为商业经营就是靠承担风险来获取利润，无风险的策略并不符合成本收益原则。因此，实行税务风险管控，需要企业明确自己愿意承担多少风险并能够将风险有效控制在自己可接受的范围内。

## 金税时代的企业尤其要识别和规避的税务风险

合法足额纳税是企业生产经营管理中不容忽视的一项重要原则，以此为界线，超过它或低于它，都会给企业带来税务风险：超过它，企业就要承担不必要的税务负担；低于它，企业就要面临补税、罚款、加收滞纳金、刑罚等风险。

“金税三期”的全方位监控，以及企业老板、高管、财务人员对相应税规理解程度的有限性，使企业合法足额纳税的基本线处于不断变动中。可是即便如此，企业要想在竞争激烈的市场中谋求立足之地，还是要尽量规避以下六大税务风险：

**一、退换货后原发票未收回**

企业在经营过程中，有些货物已经销售并开具发票，但已销售的货物因某种原因出现了退换货等情况。换货后，如果还用原来开的发票，就要分两种情况来对待：一是若换的货物一样且在同一个报税周期里，可能不会出现大问题；二是若换的是其他货物，可能被查出与发票商品类型不一致，这就是潜在风险。有些企业在经营的过程中，收到退货或换货要求后，为了减少不必要的麻烦，只要金额能对上，原来的发票就不管了，这就要冒很大的风险。退货时如果发票该作废却没有作废，被别人拿去使用，一旦被查到，就要出问题。所以，有了退换货，一定要收回原发票。

**二、超限量领用专票**

目前，税务机关系统对发票增量两次以上、超限量 25 份以上的纳税人都会进行预警，显示发票领用异常。预警后，税务机关会先限制企业继续超限量领用发票，然后需要企业做出解释和证明。毫无疑问，这样下来，企业的业务必然会受到影响。因此，如果企业的业务确实很好，税务机关规定的发票数量不够用，那么就应该带相关资料和证明去税务机关申请修改每月的发票领用上限，而不是总去申请超限量领用发票。

**三、行业税负率过低**

税务机关会根据本地区各行业的企业每年的增值税缴纳税负率，计算该行业的平均税负率。一般来说，该行业的企业都会在这个平均值附近缴税，不会差得太多。如果差得太多，系统就会预警。所以，如果是因为逃税、漏税而与平均税负率差得太多，那肯定是逃不过的。如果是因为其他原因，最好提前向税务机关说明缘由。

**四、取得失控发票**

一般来说，如果企业老板逃走或企业严重逾期未报税，那么开具出去的发票和还没有开具的全都会被定为“失控发票”。而取得失控发票的企业一律先做进项税转出，不予以抵扣。取得失控发票会让企业赔了夫人又折兵，即使是从头到尾不知情的，也会受到上游企业的牵连。为了避免取得失控发票，一定要对合作伙伴多了解一些。

**五、老板未谨慎行事**

“金税三期”搭建了企业和人员特征信息双比对预警模块，重点比对法定代表人、财务负责人等的各种信息。一旦法定代表人或财务负责人出现涉税异常信息，系统就会预警。例如，有些企业老板同时是几家企业的法定代表人，几家企业都有业务往来，老板或财务人员觉得“反正都是自家的”，有的业务交易就不按照正常交易走，不开具发票。一旦被“金税三期”大数据比对出来，几家企业肯定要被彻查，不仅会被处罚，企业日后的业务还将受到严重影响。

另外，如果同时是几家公司的法定代表人，其中一家“关门”时，一定要正常注销，否则会影响你在其他几家企业的法人资格，在报税或汇算清缴时都会遇到阻力。因此，企业老板在平时的签字、盖章、合作等事宜中都要谨慎。

**六、长期零申报**

企业一旦成立，即使没有业务往来也要报税，俗称“零申报”。零申报不是不申报，而是申报时选择“零申报”这个选项。并且选择后也不是什么都不用填写，只是填写的数据少一些。零申报一般存在于注册之后还未开展经营的公司，或正在筹备清算注销的公司。少数特殊企业初期准备周期较长（有的甚至长达两三年），准备期只是购买机器、原材料而没有发生应税收入，这种企业也需要零申报，但是长期零申报则需要得到相关部门的特殊批准。

除了上述税务风险外，企业还有很多其他方面的税务风险来源，如“金税三期”会从企业的收入、成本、利润、库存、银行账户和应纳税额等维度来对企业进行全方位的监控。若想进一步降低企业的税务风险，企业就应多了解，尽量将企业税务风险降到最低，从而增加企业的纯利润。

## 企业税务风险对企业造成的不利影响

企业税务风险对企业造成的不利影响主要包括经济利益损失和企业声誉损失两个方面。

经济利益损失是税务风险可能导致的直接损失。企业在主观上的逃税、漏税行为，容易导致企业被税务机关查处，严重的甚至还要承担刑事责任，从而影响企业各项工作的进展，最终影响到企业的经济效益。另一种情况，是企业因为对相关的税收政策缺乏深入了解，没能享受到相关的税收政策优惠，结果承担了不必要的纳税负担，造成了经济利益的损失。还有一种个别情况，是企业为了逃避税务检查而行贿相关税务执法人员或付出其他人情成本，这同样损失了企业的经济利益。

企业声誉损失是税务风险可能导致的最严重损失。古往今来，生意人只有重视信誉才能同他人建立良好的信任关系，获得更广阔的经营舞台。市场经济的发展模式必然会越来越规范和成熟，所以如果一家企业偷税漏税，不仅会承担相应的刑事责任，还容易损失企业的声誉，一家缺乏诚信的企业，是不会有其他企业愿意与其合作的，这样的企业同时也很难留住消费者。企业的声誉关乎企业生存发展大计，所以一定要做好税务风险的防范工作。

## 企业税务风险隐藏在业务流程中

在实践中，对待企业税收问题，有两种常见现象：

第一，业务产生后，有关人员取得原始单据（原始凭证），全部交由财务部门全权处理，造成老板在决策时缺乏税收意识；业务部门在做业务、签合同时缺乏税收意识，当税收结果产生后，由财务在账面上来调整解决。这种管理方式是造成目前企业纳税不规范，产生税收风险的主要根源。

第二，很多企业为了规避经营风险，聘请了法律顾问，要求业务部门在签订合同时必须让法律顾问参与审核，通过合同的签订来避免经营风险的产生。但很少有企业聘请税务顾问帮助企业设计合同，从合同上来规避税收风险。

出现这两种现象的主要原因，是企业老板脑海中拥有不健康的涉税管理意识。有的老板认为，业务可以随意做，合同可以随意签，税收上出现问题那是财务的事。正是这种涉税管理观念影响了企业依法纳税，给企业带来了巨大的税收风险。

实际上，财务部门所做的工作要依据业务部门的业务过程。税怎么缴不能看账怎么做，而要看业务怎么做！税收是业务部门产生的，财务主要处理核算和缴税的环节。如果业务部门不按照税法的规定去做业务、签合同，等出现了问题或产生了税收结果之后，让财务来解决、处理，财务只能通过做账来掩盖前面的业务过程，以达到少缴税的目的。这就叫漏税。

因此，必须在企业的整个业务过程中规避税收风险。只有这样，才能使我们的纳税行为得以规范，真正做到依法纳税、诚信纳税，促使企业更好地发展。

另外，企业税收风险主要产生于三大环节：一是老板决策的税收风险，二是业务部门做业务产生的税收风险，三是财务核算与缴税产生的税收风险。因此，企业要规避税收风险，必须从三个方面来入手，一是老板决策不能忽略税收风险，二是业务部门做业务要重视税收风险，三是规范财务核算与缴税。

为什么要规范财务核算与缴税？因为企业缴税主要是由财务部门负责的。在财务核算与计算税款时，企业内部缺乏监督财务部门工作的监督机构，使财务在做账、缴税上容易产生大量的税收风险。有的企业的财务人员对年终所得税清缴政策理解错误，多缴大量的企业所得税，几年后才发现此问题，此时再申请税务机关退税就很难办了。因此，财务工作也需要监管，只有通过监管才能达到控制和规避风险的目的。

### 企业税务风险管理及其目标

税务风险是指一家企业做出的税务决定或者实施的税务活动等导致企业产生各种有形或者无形的损失的可能性，包括遭受法律制裁的可能性、声誉损坏的可能性以及财务损失的可能性。

企业税务风险管理是企业在对生产经营活动的各个环节进行税务风险识别、评估的基础上，根据企业总体战略和目标、企业的具体内外部环境，本着成本效益原则，合理制定和执行风险应对策略，通过对企业内部各可控因素的有效控制和对生产经营活动的合理安排，以及对企业外部环境的合理利用和适应，达到避开税收执法机关的特殊关注、避免或降低税务处罚和声誉损害，尽可能地减轻整体纳税负担、获取推迟纳税资金的时间价值和风险规避收益（税收分担企业风险）等目的的过程和活动。其基本策略是减少风险因素、降低风险事件爆发概率、防止或减少风险损失；其基本内容包括确定风险管理目标、设立风险管理框架、实施风险监控（识别风险、评估风险、控制风险、风险管理评价和监督和改进、信息与沟通）；其基本要求是实施全方位、全过程、全员性、综合性的税务风险管理。

企业实施税务风险管理是为了避免爆发税务风险事件给企业带来损失，而根据一定的原则，优化企业税务风险管理环境、调整和优化企业治理结构和组织结构、建立和完善企业税务风险管理制度、进行税务风险识别与评估、准备税务风险应对预案、监控税务风险、税务风险管理自身监督与改进等的过程。

企业要进行有效的税务风险管理，需制定合理和明确的目标。确定税务风险管理的目标，应当紧密结合企业的战略，与企业的风险偏好类型保持一致，确保能将税务风险损失控制在可容忍范围内。税务风险管理目标确定以后，应当在企业内部垂直传达并执行。

总的来说，企业税务风险管理要通过对税务风险的监控和应对，达到使企业在各项经营活动中很好地遵循税法，保证企业战略目标顺利实现的目的。

企业税务风险管理的目标，可以按照不同的视角来说明。按照其内容层次，企业税务风险管理的目标包括合规性目标、经济性目标和战略性目标。

1. 合规性目标是企业税务风险管理的直接目标和最底层目标。这一目标要求企业通过税务风险管理，使其在各项经营活动中遵循税法的程度达到预定要求，或将企业的税务风险因素控制在预定范围内。

2. 经济性目标是企业税务风险管理的最终目标和底层目标。这一目标要求企业通过税务风险管理，将其税务风险事件爆发可能带来的经济损失（包括直接经济损失和间接经济损失）控制在预定水平以下。

3. 战略性目标是企业税务风险管理的派生目标和顶层目标，这一目标要求企业通过日常税务风险管理工作的积累，逐步建立起一套能够自动适应企业各个时期战略目标的、内嵌于企业整体风险管理体系的、长效的税务风险管理机制。

按照其结构层级，企业税务风险管理的目标可以分为总体目标和具体目标。

企业税务风险管理的总体目标应当具有较强的战略方向指导性，其内容定位于：服从企业整体战略，促进企业价值最大化；减轻企业税负，推迟企业现金流出，降低企业涉税财务运行成本；避免受到税务机关的特殊关注，维护和提升企业声誉。

企业税务风险管理的具体目标应当具有较强的可操作性和决策针对性，其内容要求包括税务风险的容忍度、减少放弃相关税收优惠目标、防范税务处罚目标、税务基础工作目标、税务风险管理工作目标。大企业税务风险管理的主要目标包括税务规划具有合理的商业目的，并符合税法规定；经营决策和日常经营活动考虑税收因素的影响，并符合税法规定；对税务事项的会计处理符合相关会计制度或准则以及相关法律法规；纳税申报和税款缴纳符合税法规定；税务登记、账簿凭证管理、税务档案管理及税务资料的准备和报备等涉税事项符合税法规定。

## 企业风险管控的关键点

企业在税务风险管理流程中，只有抓住流程中的要害，才能实现实际效果。企业要想做好防控税务风险，尽量降低税务成本，必须重视税务风险防控中的两大关键点——税务风险管控要从决策入手，从合同签订入手。

**一、从决策入手**

管理就是决策，决策是管理的核心。在企业里，执行很重要，但决策更加重要。没有正确的决策就没有优秀的执行。决策水平的高低对企业的成败影响十分巨大。据统计，世界上破产倒闭的大企业中，85%是因领导者决策失误导致的。

税务管理贯穿于企业决策活动过程中，企业老板在对企业的重大事项进行决策时，都涉及税收问题。如果在做决策时没有考虑到税收成本控制问题，会使企业承担不必要的税收负担。因为决策失误是企业最大的浪费。决策失误猛于虎。若前期决策失误，相关税收成本已成事实，再不缴税就是延期缴纳税款。企业要管理好税，必须从老板的决策入手，加强经营决策的税收管理与风险控制。因此，税收成本的高低在一定程度上取决于老板的决策，要控制和降低税收成本，必须注重税务管理，从决策入手。

**二、从合同签订入手**

企业的税收产生在业务过程中，而业务过程往往是由经济合同的签订决定的。即合同决定业务过程，业务过程产生税。只有加强业务过程的税收管理，才能真正规避税收风险。因此，企业税务管理要从经济合同的签订入手，也就是说，企业税收成本的控制和降低要从经济合同的签订开始，经济合同的签订环节是企业控制和降低税收成本的源头所在。

因此，企业应重视日常涉税交易合同的签订和审查，使企业能够真正节税，企业在开展生产经营时会与外部或内部的法律主体签订各种合同。一份合同不仅涉及法律问题，还涉及财税问题。不论何类经济合同，合同条款内容必会涉及合同主体一方或双方的纳税义务，稍有差别，财税结果差异可能就会很大，面临的法律风险也会有所不同。

价格条款是经济合同中的重要条款，合同中的价格条款是税收成本的重要依据，经济合同中的价格一旦签订，就决定了诸如增值税、消费税、企业所得税、个人所得税等税负。要降低这些税负，就得在经济合同签订之前谈好交易价格，即压低合同价格才能真正降低税负。同时，对某些合同条款加以修改，有可能帮企业省下很多税款，且没有风险。

# 企业投资的税务风险及其控制

## 投资者投资未到位的涉税风险及控制

企业在设立阶段主要涉及注册资本的验资评估、投资人投入资本的到位时间、工商税务登记和办公楼的购买或承租等事项。在这些涉税事项中，如果不按照国家相关涉税政策依法进行工商和税务登记，将会产生一定的税务风险。这些税务风险主要体现为虚假注资的涉税风险、投资者投资未到位的涉税风险、工商税务登记中的涉税风险和股东自有房产用于企业办公使用的涉税风险。

投资者在规定期限内未缴足其应缴资本额的企业对外借款所发生的利息，相当于投资者实缴资本额与在规定期限内应缴资本额的差额应计付的利息，不属于企业合理的支出，应由企业投资者负担，不得在计算企业应纳税所得额时扣除。因此，投资者未到位资金的涉税风险相当于逾期未到位投资资金的借款利息，不得税前扣除。

为了避免投资者投资未到位所产生的涉税风险，企业投资者或股东在投资设立公司时，必须按《中华人民共和国公司法》规定，缴足最低的注册资本并在公司章程约定的时间内缴足出资额。公司设立时，如果没有足够的现金出资，可以利用实物、知识产权、土地使用权作价入股。

## 虚假注资和抽逃注资的涉税风险及其控制

虚假注资是代办人或代办公司没有真正将需要验资的资金存入

投资人（法人和股东）的账户，而采用欺骗手段依靠假验资报告办理工商营业执照、机构代码证和税务登记证的行为，企业虚假注册资金的行为触犯了《中华人民共和国刑法》虚报注册资本罪。

抽逃出资是企业验资注册后，股东将所缴出资暗中撤回，却仍保留股东身份和原有出资数额的一种欺诈性违法行为，同样触犯了《中华人民共和国刑法》。

虚假注资和抽逃出资的行为除存在以上法律风险外，还存在一定的税收风险。因为企业虚假出资后马上进行撤资，在公司账上一般挂在“其他应收款——某某股东／老板”上，产生一种跨年度的无偿借款行为，存在要缴纳增值税、企业所得税和个人所得税的风险。不论金融机构还是其他单位，只要是发生将资金贷予他人使用的行为，均被视为发生贷款行为，按“金融保险业”税目征收增值税。

虚假注资和抽逃注资的企业在撤资后，在“企业应收款”会计科目核算时，明细科目不要写公司的股东和老板，而应写与企业非关联关系的其他企业，并应书立借款合同或协议。今后，企业应要求股东或老板本人不断向企业注入资金冲平“其他应收款”。

# 企业融资阶段的税务风险分析与管控策略

## 企业与个人股东间借款的涉税风险及控制

企业融资阶段主要涉及企业向金融机构和非金融机构的借款，其中非金融机构间的借款分为企业与个人股东间解困、企业向民间高利贷融资、关联企业间借款三种融资形式。由于借款所发生的利息可以在企业所得税前进行扣除，所以，企业在融资过程中要识别以上三种融资方式和企业集团资金池的税务风险并采取一定的措施。

企业与个人股东间借款的涉税风险主要体现在：一方面，企业无偿借用个人股东的借款需要缴纳营业税，股东无偿借用公司资金在年末没有归还则要缴纳 20% 的个人所得税。另一方面，个人股东以其房屋或小轿车向银行抵押贷款后，再贷给其企业使用，企业代股东付给银行的利息不能在企业所得税前扣除，因为款是股东向银行贷的。银行出的利息票据上的付款人是股东的名字，在税前计入成本得不到税务部门的许可。

针对以上涉税风险，企业使用个人股东的借款应支付利息；不能将企业资金用于消费性支出或财产性支出，否则这些资金将会被视为企业对个人投资者的股利分配而缴纳 20% 的个人所得税；如果股东向银行借款，再把资金贷给自己的企业使用，应在贷款合同中的“资金使用用途”一栏注明企业使用，然后与银行协商，把银行贷款直接汇入企业的公司账号。这样，银行出的利息票据虽然是股东个人的名字，但根据实质重于形式的原则，可以在税前扣除。

## 关联企业间无偿借款的涉税风险及控制

关联企业间无偿借款将面临两大税务风险：按照企业金融保险业补交增值税、企业所得税的风险；企业将银行贷款无偿转借他人使用而向银行支付的利息费用不得税前扣除。

关联企业之间借款，只要是真实的，税务机关认定其不收利息的，就不收增值税。一旦存在利息或低利息的情况，可能面临被税务机关纳入“应当进行纳税调整”的范围来处理的税收风险。因而，非关联企业的无偿借款不需要补缴金融保险业的增值税，但关联企业间的无偿借款需要补缴金融保险业的增值税。

企业将银行借款无偿转借他人，实质上是将企业获得的利益转增他人的行为，因此税务部门有权按银行同期借款利率核定其转借收入，并按金融业税目征收增值税。企业将银行借款无偿让渡给另一个企业使用，所支付的利息与企业取得收入无关，应调增纳税所得额。

针对以上涉税风险，企业应采取以下控制策略：关联企业间发生资金使用权让渡使用时，不能进行无偿使用，如果在一个会计期间发生无偿使用，一般没有补缴增值税和企业所得税的风险。在发生跨年度借款的情况下，应该进行有偿使用，收取利息方到当地税务部门去代开发票。

## 向民间高利贷融资的涉税风险和控制

民间借贷中的高利贷，其税务风险主要体现为：民间高利贷融资付出的利息高，没有利息票据，在企业所得税前无法扣除，而且被税务部门查出还要代扣20%的个人所得税。

为了避免民间融资的税务风险，应从以下几方面来控制：

1. 企业与自然人应签订借款合同，且企业与个人之间的借贷真实、合法、有效，不具有非法集资目的。

2. 注意非法集资和真实、合法、有效的真正含义。

3. 注意“金融企业的同期同类贷款利率情况说明”的内涵，它既可以是金融企业公布的同期同类平均利率，也可以是金融企业对某些企业提供的实际贷款利率。

## 集团资金池的税收风险及管控策略

集团公司资金池是指集团公司将所有下属单位的资金统一汇总在一个资金池内，统一调度集团内部的资金使用，并向上划资金的下属单位支付利息，向使用资金的下属单位收取利息的业务行为。其运行模式分为两种：通过集团内部的结算中心运作，通过集团的财务公司运营。

集团资金池管理中的涉税风险体现为：对结算中心管理的资金池，成员企业收到的资金池存款利息，是否缴纳增值税没有明确规定，有的认为该缴税，有的认为不该缴税，形成了税企争议。税企争议最终的处理结果往往存在很大的不确定性，本身就是一块很大的税收风险。再加上税企争议的最后自由裁量权在税务机关，在企业与税务机关的博弈中，企业往往处于弱势地位，企业面临缴纳补税、滞纳金、罚款的较大可能性。

对财务公司管理的资金池，资金池成员企业从财务公司取得的存款利息，与在银行取得的存款利息一样，不需要缴纳增值税。

集团收取资金池借款利息，无论是采用结算中心模式还是采用财务公司模式，只要是成员企业从资金池借入资金，都属于拆借行为，都应缴纳增值税。

在资金池结算管理模式下，集团母公司向成员企业放贷违反贷款通则，存在较大的金融违法风险；财务公司由于存在独立法人地位和经营金融业务的资格，向成员企业放贷符合贷款通则，不存在风险。

集团收取资金池借款利息，能否在成员企业税前扣除，要考虑资金池的性质对扣除的影响、关联关系对扣除的影响、利息单据对扣除的影响。

企业集团资金池税收风险的管控，需要尽量采取财务公司的运作模式，对资金池存款利息收入争取不缴纳增值税，对资金池取得利息收入开具发票或到税务机关代开发票；利息税前扣除尽量不受关联债资比例的约束，集团财务部门应就能证明相关交易活动符合独立交易原则和支付利息企业的实际税负不高于境内关联方的资料，与税务机关进行充分的沟通，并在规定时间内上报这些资料，尽量确保企业支付的利息能全额得到税前扣除；结算中心模式下尽量套用统借统还的税收政策，统借统还借款的实质是集团母公司或集团核心企业将从银行借来的资金转拨给下属企业使用，集团母公司所起的作用仅仅是经手和管理，这种资金关系可以被认定为符合独立交易原则，利息可在税前全额扣除。

# 企业经营阶段中的税务风险管控

## 企业采购中的涉税风险管控

企业税务风险贯穿于业务过程中，在企业的采购、生产、服务、销售过程中，税务风险随处可见。企业老板必须重视经营过程中的涉税风险管理，防范税务风险，控制税收成本。

### 一、采购中有关发票的涉税风险及控制

企业在采购中的涉税风险主要表现为，发票的税务风险，如运输发票抵扣的涉税风险、对开发票的涉税风险、票款不一致的涉税风险、要求供应商多开发票的涉税风险、虚开发票的涉税风险、取得失控增值税专用发票的税收风险和代购行为中的涉税风险。

对开发票是购货方在发生销售退回时，为了规避开红字发票的麻烦，由其再开一份销售专用发票，视同购进后又销售给原生产企业的行为。对开发票存在的涉税风险主要表现为：在发生销售退回时，如果未按规定开具红字专用发票，实行对开发票有可能会增加税收负担；面临税务局的罚款；没有货物往来的发票对开可能被视为虚开发票；要多缴纳印花税，使企业增加税收负担；少缴纳企业所得税而遭到税务稽查风险。针对这些税务风险，企业应在发生销货退回业务时按规定开具红字增值税专用发票。

采购中票款不一致是指发票和货款的流向不一致的现象。其涉税风险主要表现为，有可能不能抵扣进项税额，以及企业所得税前不能扣除成本。为了解决票款不一致的涉税风险问题，企业符合以

下条件的发票才可以入账：在有真实交易的情况下，必须保证资金流、物流和票流的三流统一，即银行收付凭证、交易合同与发票上的收款人、付款人和金额一致。

失控增值税专用发票是指防伪税控企业丢失、被盗金税卡中未开具的专用发票以及被列为非正常户的防伪税控企业，未向税务机关申报或未按规定缴纳税款的增值税专用发票。企业取得失控增值税专用发票的涉税风险是不能抵扣进项税额。如果企业取得失控增值税专用发票，需由取得失控增值税专用发票所在地的税务稽查部门组织协查，并通过协查系统回复购买方主管税务机关，确认销售方已经申报纳税并取得销售方主管税务机关出具的税务证明，该失控发票可作为购买方抵扣增值税进项税额的凭证。

采购中为了降低采购成本而不开具发票的涉税风险主要表现为，企业无法抵扣增值税进项税额，企业所得税前无法扣除成本，从而使企业多缴纳企业所得税，甚至会使企业增加的税收高于降低的采购成本。因此，企业在购买商品和接受劳务而支付款项时，应按要求取得发票。

采购中要求供应商多开发票的涉税风险主要表现为：会使供应商多缴纳企业所得税和增值税；使采购方账上有存货而实际库存没有存货，即账实不符；在采购存在回扣的情况下，采购负责人会把回扣体现在供应商发票上，结果会增加采购方的采购成本。为阻止采购中要求供应商多开发票的风险，采购方必须加强采购管理，防止回扣现象的发生。在收取发票时要注意：发票是否真实；发票上多列金额、货物名称是否属实；发票上抬头是否正确；发票专用章是否正确。

虚开发票的涉税风险为，不可在企业所得税前进行扣除，不可抵扣进项税制，甚至构成刑事犯罪。企业在采购和销售过程中，必须按照发票管理规定要求取得发票，绝不能虚开增值税发票。

**二、规范合同中的发票条款，防范发票风险**

在以票控税的情况下，发票的税务风险很高，为了从源头上控制发票的税务风险，企业必须从合同的签订开始，在合同中增加发票的风险防范条款，具体应在合同中明确以下几方面的条款：

1. 明确按规定提供发票的义务。企业向供应商采购货物或提供劳务，必须在合同中明确供应商按规定提供发票的义务。企业在选择供应商时应考虑发票因素，对能提供发票的供应商优先考虑。

2. 明确供应商提供发票的时间。企业在采购时需结合自身的情况在合同中明确结算方式，并明确供应商提供发票的时间。合同中常见的结算方式有：赊销和分期收款方式、预收款方式、现款提货方式。合同中应明确规定供应商在开具发票时必须通知企业，企业在验证发票符合规定后付款。

3. 明确供应商提供发票的类型。不同税种存在税率差，同一税种又可能存在多种税目，各税目的税率差可能更大。因此，在交易合同中，必须明确发票的开具要求、开具发票的类型。

4. 为防止发票问题导致的损失，采购合同中应当明确供应商对发票问题的赔偿责任。

5. 采购合同增值税发票涉税防范条款。比如，供货方声明其具有一般纳税人资质并同意向采购方开具增值税专用发票结算条款；供货方开具的增值税专用发票在送达采购方后如丢失、灭失或被盗，供货方应按照税法规定和采购方要求及时向采购方提供丢失发票的存根联复印件，以及供货方所在地税务机关开具的“已抄报税证明单”，积极协助采购方在规定期限内办理有关的进项税额的认证申办手续，等等。

**三、代购行为中的涉税风险及控制**

代购行为中的涉税风险主要体现为，若代购行为不符合代购的合法性要件，就要多缴纳增值税。企业发生代购行为时，必须同时具备三个合法性要件：一是受托方不垫付资金；二是销货方将发票开具给委托方，并由受托方将该项发票转交给委托方；三是委托方按销售方实际收取的销售额和增值税额与委托方结算货款，并另外收取手续费。

## 企业生产、服务过程中的涉税风险管控

税务风险贯穿于企业生产、服务全过程之中，企业生产、服务过程中的税务风险跟企业的管理、决策和生产服务流程有重要的关系，而且税务风险的发生点因行业经营特点的不同而不同。企业在生产经营和服务过程的税务风险管理，首先应从业务过程中存在的涉税风险点（税务风险识别），即要从企业业务流程中识别税务风险。其次，对存在的税务风险进行法理分析（税务风险分析）。最后，确定税务风险的控制技巧（税务风险控制）。具体来讲，企业在生产、服务过程中，应从以下几个方面来控制税务风险：

1. 注重企业所处行业中的涉税风险控制。由于企业所处的行业不同，其表现出的税务风险各有千秋，企业老板先要对自己所处的行业进行行业涉税风险识别，然后才能够分析和控制存在的税务风险。

2. 交际应酬支出的税务风险控制。企业为了维护老客户和开发新客户，难免会发生一些交际应酬支出，这些交际应酬支出在企业的账面上体现为成本，在税务处理上存在涉税风险。如何进行控制，也是老板必须考虑的话题。

3. 企业获得各种税收优惠收入的税务风险控制。企业获得各种税收优惠收入，包括各种增值税收入、消费税收入和其他税收收入。对企业来讲，这些税收优惠收入的税收风险主要体现为：这些优惠收入要不要缴纳所得税。如果符合不需要缴纳企业所得税的条件，仍申报缴纳企业所得税的，企业则多缴纳了企业所得税；如果符合要缴纳企业所得税的条件而没有缴纳的，则为企业漏税，会导致税务稽查风险。

4. 股权转让的税务风险控制。企业在生产、服务过程中，有时

会发生法人股东和自然人股东的变动。由于股权变动涉及转让价格的选择和工商、税务的变动事宜，其中隐藏一定的税务和法律风险，企业在发生股权转让时，必须按照国家相关法律政策的规定进行操作，并依法履行纳税义务。在股权转让中，只需要缴纳所得税和印花税。

5. 企业并购重组中的涉税风险及控制。企业并购有公司合并、资产收购、股权收购三种形式。企业并购过程中存在不少涉税风险。为控制风险，企业在并购重组前，应进行尽职调查，包括税务合规情况调查、税务健康调查、并购重组前应聘请税务专家进行并购风险分析，并注意并购重组中享受税收优惠政策的条件。

6. 劳务报酬合同的涉税风险控制。包括劳务报酬合同、租赁合同的涉税风险控制。

## 企业销售阶段中的税务风险管控

工业企业和贸易企业在销售过程中存在一些税务风险，也需要企业老板在企业管理过程中高度重视，提前识别和控制，这样才能减少税务风险给企业造成的损失。概言之，企业在销售阶段要重视销售合同中的涉税风险控制、销售环节不签合同的涉税风险控制、销售过程中的价外费用、混合销售和兼营行为的涉税风险控制。

### 一、销售合同中的涉税风险控制

销售合同中涉及增值税、消费税、企业所得税等税种的纳税义务发生的时间，因此，在合同中货物销售方式、货款结算方式、销售收入的时间不同，纳税义务发生的时间也不同。为了消除销售合同中的涉税风险，必须在合同中做到：企业在产品销售过程中，在应收货款一时无法收到或部分无法收回的情况下，可选择赊销或分期收款结算形式，并在合同中一定要约定货款的收款日期；如果企业的产品销售对象是商业企业，且有一定的赊欠期限，在销售合同中可约定委托代销结算方式处理销售业务，根据实际收到的货款分期计算销项税额，从而延缓纳税。

**二、销售环节不签合同的涉税风险及控制**

销售环节不签合同或只签电子销售订单是许多民营企业的经营行为。由于没有签订合同，就没有申报缴纳印花税，这很容易被税务稽查发现，产生罚款和补税的风险。为了控制不签订销售合同的涉税风险，企业应该按照以下办法履行缴纳印花税的义务：电子销售订单要贴花；具有合同性质的购销往来凭证，要素虽不完全，但明确了双方主要权利义务，就应按规定贴花。

**三、销售过程中价外费用的涉税风险及其控制**

价外费用包括价外向购买方收取的手续费、补贴、基金、集资费、返还利润、奖励费、违约金、滞纳金、延迟付款利息、赔偿金、代收款项、代垫款项、包装费、包装物租金、储备费、运输装卸费等。价外费用的涉税风险主要体现在：一方面，没有把价外费用列为流转税的征税范围而漏税。另一方面，把本来不属于价外费用的收入作为价外费用处理，使企业多缴纳了流转税。因此，企业在销售过程中一定要分清楚价外费用的界限。企业要依法考虑将价外费用进行剥离，以达到少缴纳税收的目的。

**四、混合销售和兼营行为的涉税风险和控制**

混合销售是指一项销售行为既涉及增值税应税货物，又涉及非应税劳务。兼营行为是纳税人既经营货物销售，又提供增值税应税劳务的行为。两种行为的区别是，混合销售强调在同一销售行为中存在两类经营项目的混合，销售货款及劳务价款是同时从一个购买方取得的；兼营强调的是同一纳税人的经营活动中存在两类经营项目，但是二者不是在同一销售行为中发生。从税务处理上来说，混合销售的纳税原则是按“经营主业”划分，只征收一种税，经营主业如纳增值税，则混合销售缴纳增值税；而兼营销售的纳税原则为，分别核算、分别征税，即对销售货物或应税劳务的销售额征收增值税，对提供非增值税的服务业务也征收增值税。

# 构建税务风险预测系统

## 构建税务风险管理预警机制

在企业管理过程中，为有效预控税务管理的风险，应构建企业税务管理的预警机制。

1. 加强预警机制税务风险管控点研究。所谓的风险管控点研究，主要是指运用先进的管控技术，将企业发展过程中的风险性因素一一排除，进而达到预控税务风险的目的。

2. 构建税务风险与评估机制，并对风险进行分级。例如，成立税收风险评估小组，根据访谈、问卷等结果构建税务风险评估体系，最后根据标准进行分级。

3. 构建税务风险预测系统。企业应定期全面、系统、持续地收集内部和外部相关信息，结合实际情况，通过风险识别、风险分析、风险评价等步骤，查找企业经营活动及其业务流程中的税务风险，分析和描述风险发生的可能性和条件，评价风险对企业实现税务管理目标的影响程度，从而确定风险管理的优先顺序和策略。

一般而言，企业老板应结合自身税务风险管理机制和实际经营情况，重点识别下列税务风险因素：管理层的税收遵从意识和对待税务风险的态度；涉税业务人员的职业操守和专业胜任能力；企业的组织机构、经营方式和业务流程；税务管理的技术投入和信息技术的运用；企业的财务状况、经营成果及现金流情况；企业的相关内部控制制度的设计和执行；企业面临的经济形势、产业政策、市场竞争及行业惯例；企业对法律法规和监管要求的遵从。

### 营造良好的税务风险预测环境

在企业税务风险管理中，对税务运行环境的选择至关重要。只有在不断的管理中才能打造好企业税务运行的环境。一般情况下，在进行企业税务管理风险环境的营造中，应该建立专门的风险管控环境调节机制，找准企业税务营造环境的切入点。

1. 树立风险管控意识。在企业管理过程中，只有树立起风险管控意识，才能将企业发展的税务运行机制调整好。

2. 建立专门的风险税务管理机制。这是营造税务风险预测环境重要的制度保障。

3. 培养或引进专门的人才以壮大税务管理人才队伍。人才队伍建设有利于企业税务风险管理环境的营造。

### 加强对税务风险管理监控

在企业税务管理中，要加强对企业税务管理的风险环境预测，同时还应该加强企业税务管理活动和税务管理的形式转变，不断提升企业税务管理活动的管理能力。在税务管理活动中应该加强对税务风险的监控活动，首先加强对税务管理的职权分配，找准税务管理和税务操控之间的职责关系；其次加强对税务管理的流程控制。

### 协调企业税务风险管理的内外关系

在企业税务风险管理中，内外关系的协调也至关重要。其中内部控制与企业税务风险管理有机结合，不仅能够最大限度预防报表造假现象，督促企业税务会计增强风险防控意识，还能够确保会计信息的准确性，确保企业管理者做出正确的决策。因此，应从以下几方面着手协调两者之间的关系：

1. 建立并健全适宜的企业内部控制制度，规范企业税务日常管理工作。比如，在推进企业税务风险管理工作过程中，首先建立风险预防模块，然后建立预先解决方案，最后建立监督模块，进而从多角度全方位降低税务风险。

2. 提升企业税务会计管理人员的风险防控意识。比如，定期培训，促使相关人员对最新优惠政策进行学习，以提高其专业素质。

3. 注重企业各部门之间的有效衔接，为企业内部预控工作提供支持。

4. 协调好与税务中介机构的关系。税务中介机构在理解税收法律、解读税收政策方面更为专业，在税务处理方法方面也更为成熟。因而，加强企业与税务中介机构的关系，对企业做好税务风险管理工作具有重要的意义。作为企业发展的重要社会力量，应注重引导和鼓励税务中介机构参与到企业税务风险管理工作中。

研究发现，加强企业税务风险管理预警机制，营造良好的税务风险预测环境，完善企业税务风险管理活动并加强对税务风险管理的监控，处理并协调好企业税务风险管理的内外关系，对保障并提升企业的税务风险管控能力具有重要作用。

# 企业税务风险的化解与防控

## 如何化解企业税收风险

企业的税收风险通常都是自身原因造成的。企业必须积极地做好税收风险管理工作，有效预防并化解税收风险。那么，如何化解企业税收风险？

**一、构建税务风险管理体系**

我国企业税务风险管理尚处于初始发展阶段，大部分企业未设置税务管理部门，个别企业虽然构建了税务风险管控体系，却未能设置科学化、规范化的税务风险管理部门，从而使得税务风险管控系统也形同虚设。所以，企业若要强化税务风险管控，就应该积极构建税务风险管控体系，有效地规避税务风险，确保企业税务工作有序、正常地进行。

**二、提升企业税务相关工作人员的素质**

企业税务相关工作人员需要接受系统化的专业学习和培训，强化其对专业知识、税法、不同种类的税种申报与计算方法等方面知识的学习和掌握。应该注意将企业相关工作人员进行分类，包括税务总监、税务经理、中层税务经理、税务操作员等层级，并依据层级的不同分配税务风险管控方面的任务，职级越高的工作人员负责的范围越广，其工作任务也就越重。企业税务工作人员也应该养成良好的职业素养和道德情操，仔细处理涉税业务，有效预防人为失误导致的税务风险事件。

### 三、强化企业税务风险意识

企业应提高对税务风险分析评估报告的重视程度，从分析结果出发、对企业税务风险控制效益及成本进行考虑。在税务风险管理系统下，及时制定出有效的税务风险应对措施，在遇到不能承受的税务风险时，要第一时间使用相应措施加以应对。针对有可能发生的税务风险，企业要能够提前预测，并采取坚决措施，将其遏制在萌芽阶段。

## 企业涉税风险防范措施与控制策略颁布

### 一、创新税收理念

对每家企业来说，新税收政策带来的影响都比较明显。但是，新税收政策具有较强的科学性和合理性，所以企业不应从个人利益出发去评判新税收政策，而应具备长远的眼光，正确认识新税收政策。

企业老板首先应该创新税收理念，提高自身意识，充分认识到新税收政策的核心内容及新税收政策对企业税务管理所产生的影响。与此同时，老板还应该组织企业全部人员深入学习新税收管理的相关内容，了解其中涉及的细节问题，这有利于企业更好地应对税务变化，在新税收政策下开展税务活动。

此外，老板还应该注重企业文化理念的宣传，提高全体员工的税务意识，做好相应的税务风险管理防控措施。

### 二、完善税务管理制度和管理系统

企业要在营运层面设置有效的税务风险管理部门或岗位，以确保税收风险管理被有效地组织和控制。企业要制定统一的内部控制制度、操作流程、税务管理标准，包括国内外采购、存货管理、固定资产管理、国外销售、资金管理等环节，并对其中各关键控制点下的税收风险进行管理和控制，以完善企业各环节的涉税链条。企业还可以通过信息管理系统的设置，便于各项目或子系统的税务管理人员及时、有效地安排纳税申报及相关税务事宜，以实现企业对税务合理性风险进行有效监控和管理，并与税务主管机关保持合理的沟通和联系，有效防范企业税收风险。

### 三、做好资金管理工作

新税收政策在不断完善，且这些税收政策的推广力度非常大。基于此，企业必须不断完善相关的资金管理工作，从而有效防止税收风险的产生，企业要想做好资金内部管理工作，就要求秉承量入为出的原则，做好预算工作。特别是企业在开展重大工程项目时，一定要注意分析和评估，最大限度减少资金的浪费，将资金分散，这样才能最大限度地减少企业的税收风险。

### 四、避免入账发票出错

企业所得税的很多税前扣除项目一般都通过发票来进行确认。但一些企业以不合规票据（如无抬头发票、以前年度发票）甚至假发票列支成本、费用，违反了真实性原则；还有一些企业的入账发票没有填开时间、发票版式过期、未加盖发票专用章等。自制凭证也可以入账，但有些企业对自制凭证把关不严，如工资费用支配表随意填制、作假、造假等。因此，企业应该制定相关制度，严格避免入账发票出错。

## 企业税务风险控制的两大关键环节

### 一、企业税务风险的预防性控制机制

企业税务风险控制有两大关键环节——预防性控制机制和发现性控制机制。在“金税三期”系统下，企业只有建立起有效的预防性控制机制和发现性控制机制，并采取相应的控制措施，才能做到

合法合规运营，降低或消除税务风险。

预防性控制以“税务风险导向”为指导，从企业内部和外部两个方面识别各种税务风险因素，做到防患于未然。

企业内部税务风险因素包括：企业经营理念和发展战略；税务规划以及对待税务风险的态度；组织架构、经营模式或业务流程；税务风险管理机制的设计和执行；税务管理部门的设置和人员配备；部门之间的权责划分和相互制衡机制；财务状况和经营成果；对管理层的业绩考核指标；企业信息的基础管理状况；信息沟通情况；监督机制的有效性；其他内部风险因素。分析企业的内部税务风险因素，有利于企业从高管态度、员工素质、企业组织结构、技术投入与应用、经营成果、财务状况、内部制度等微观方面识别自身可能存在的税务风险。

企业外部税务风险因素包括：经济形势和产业政策；市场竞争和融资环境；适用的法律法规和监管要求；税收法规或地方性法规的完整性和适用性；上级或股东的越权或违规行为；行业惯例；灾害性因素；其他外部风险因素。对企业外部税务风险因素的分析和识别，有利于从宏观经济形势、市场竞争、产业政策、行业惯例、法律法规规定、意外灾害等方面分析企业在所处的大环境下可能遇到的税务风险。

**二、企业税务风险的发现性控制机制**

发现性控制是对已经出现或者现在还没有出现但将来一定会出现的税务风险做出及时、妥善的处理。根据程度不同，税务风险分大小等级。不同等级的税务风险的处理方式各不相同。

下面就来探讨一下企业如何应对不同等级的税务风险。

1. 程度低等的税务风险。主要包括：营业外收入超过销售收入的 1%；补贴收入超过销售收入的 1%；营业外支出超过销售收入的 1%；有长期投资或短期投资但无投资收益；海关进口专用缴款书抵扣超过总进项的 40%；等等。税务机关发现低等级税务风险后，一般先电话告知。纳税企业在接到税务机关的提醒后，应该积极配合修正，并找出流程、制度上导致这些风险的根源，积极纠正，避免税务风险时时发生，避免税务低风险向中、高风险蔓延。

2. 程度中等的税务风险。主要包括：其他应收款大于收入，可能存在隐瞒收入、虚假交易、逃税的风险；流转税申报收入、所得税申报收入与利润表收入不一致，可能存在隐瞒收入、逃税的风险；增值税超低税负企业，可能存在虚抵、隐瞒收入、逃税的风险；所得税超低贡献率企业，可能存在多列支出、少列收入、逃税的风险；在建工程有留抵税金，可能存在多抵进项、逃税的风险；固定资产大额抵扣，当期不实现增值税，可能存在超范围抵扣、逃税的风险；农产品收购企业的农产品抵扣超过总进项的98%，其他企业农产品抵扣超过总进项的10%，可能存在虚抵农产品、逃税的风险。

中等税务风险一般与企业漏缴税款有关，例如，企业实际缴纳的流转税和城建税的计税基础不一致。“金税三期”系统上线后，包括社保基数、企业土地面积、银行开户账户数、房产证信息在内的企业信息都会被税务机关获取到，漏税就没那么容易了。面对中等税务风险，企业应立即进行自纠自查，确实漏缴税款的，要及时补上。同时要多方总结，看看哪种原因引发了中度税务风险，是政策理解不够，还是流程出现了错漏。

3. 最高级别的税务风险。主要包括：虚假交易和虚开发票风险，如应收账款大于销售收入、应付账款大于销售收入、期间费用总额大于销售收入的30%、存货与留抵税金不匹配等。此外还有逃税风险，即存在“理论少缴税款”现象。

逃税风险有：存货为负数，存在多转成本等逃税风险；存货大于销售收入的30%，以及商业零售企业无票收入低于总收入的30%，则为隐瞒收入；企业的存货一年至少要周转五次以上，低于三次的为不达标；销售成本大于销售收入，则为虚转成本，价格倒挂；全年有销售收入但无增值税，则为虚抵、隐瞒收入。

4. 高危税务风险。企业出现重大税务问题时，会引发高危税务风险而导致税务机关进场稽查。稽查的重点在“查”而不是定罪，配合税务局进行检查也是企业的义务。

## 选择正确的账务处理规避纳税风险

对每一笔经济业务怎样做账，做账正确与否，会涉及企业怎样进行纳税申报，即对经济业务的会计核算分为两种：财务会计核算和税务会计核算。由于财务会计核算是以财政部颁发的政策文件为依据的，而税务会计核算是以国家税收法律、国家税务总局颁布的政策文件和财政部与国家税务总局联合颁布的政策文件为依据的，所以财务会计与税务会计对每一笔经济业务的核算，可能相同，也有可能不同（会产生会计与税法的差异）。

为了减少纳税申报风险，企业在进行账务处理时，应以税务会计核算为主。如果税法与会计准则对一笔经济业务的核算规定没有差异时，应实行财务会计核算；如果税法与会计准则对一笔经济业务的核算规定有差异时，应实行税务会计核算；如果对一笔经济业务的核算，只有会计准则上的规定，而税法上没有规定时，也应实行税务会计核算。

### 一、依托税务会计核算，降低企业税负

在账务处理的实践中，对一笔经济业务进行核算时，有时利用税务会计进行核算，会使企业少缴纳税收，而利用财务会计核算反而会增加企业的税收负担。因此，对一笔经济业务，如果企业财务、会计处理办法与税法规定不一致，那就应依照税法规定进行核算，即依托税务会计准则规定进行核算，可以起到降低企业税负的目的。

### 二、依托税务会计核算，规避纳税风险

纳税风险主要分为少申报税收、多申报税收、提前申报和延迟

申报税收的风险。其中，少申报税收和延迟申报税收的风险主要体现为：被税务稽查，收到补税、罚款和缴纳滞纳金等行政处罚，严重者还会被处以刑事处罚。实践中，有不少经济业务的会计核算必须依照税法的规定进行核算即税务会计核算，才能使企业规避纳税风险。因此，在税法与会计准则对一笔经济业务的核算规定有差异时，实行税务会计核算可以规避纳税风险。

**三、依托相关法律规定进行会计核算，规避纳税风险**

有些经济业务在进行会计核算时，在会计准则上和税法上还很难找到依据，必须依托相关法律规定，并结合会计准则和税法的规定，才能准确进行依法账务处理，否则会存在纳税风险。因此，企业财务负责人在管控企业财税风险时，不能仅仅认为企业的会计核算的依据是会计准则和税法的规定。在很多情况下，企业的会计核算不仅要依据会计准则和税法的规定，更应依据相关行政法规等法律的规定。

**四、税法无规定时，暂按会计准则规定确定收入**

有些经济业务发生后，如何确认收入？这就涉及企业所得税的正确申报与否。根据企业所得税法精神，在计算应纳税所得额及应纳所得税时，企业财务、会计处理办法与税法规定不一致的，应按照企业所得税法规定计算。企业所得税法规定不明确的，在没有明确规定之前，暂按企业财务、会计规定计算。因此，对有些经济业务的收入确认问题，如果税法上没有规定，而会计准则上有明确规定的，可依照会计准则上的规定进行收入的确认并进行账务处理。这在申报纳税时是没有税收风险的。

# 企业税务风险的识别与评估

## 税务风险识别与评估的程序

企业税务风险识别是指企业根据其所处的具体税务环境，找出其税务风险可能发生、正在发生或已经发生的位点，确定这些税务风险的性质与种类、发生地点或时间、产生条件和爆发条件、危害形式和危害形成条件等，以便为税务风险评估等下一步的税务风险管理活动提供可靠依据的过程。

企业税务风险评估也叫企业税务风险评价，是指企业对已经识别出来的各项税务风险，评估其产生概率、爆发概率和危害概率、危害的空间与时间范围、危害大小及危害对企业生产经营的影响程度等，给出相应的量化结果，以便为税务风险应对决策等下一步的税务风险管理活动提供可靠依据的过程。

**一、税务风险识别的程序**

税务风险识别的第一步，是需要识别企业内部的税务风险因素。包括企业在经营理念、发展战略、税务规划、税务风险态度、组织架构、税务团队等多个方面。由于税务风险的影响因素多，因此在识别税务风险时只有保证全面性，才能达到更好的效果。从这些细节出发，企业内部的税务风险因素成为一个有机体系，老板能够在管理过程中迅速找到源头，从而达到有效控制税务风险的效果。

无论是微观方面还是宏观方面，均存在影响企业发展的问题，税务风险也分为宏观和微观两个方面，这就要求企业需从具体情况出发。企业外部税务风险因素涉及市场经济形式、税法政策、行业竞争等方面，外部环境变化使企业面临税务风险，但对大环境下的税务风险，企业无法干预，只有做好应对措施，才能降低此类税务风险的影响程度。

细化税务风险是识别税务风险的一个重要程序，要求企业做到全面、系统且持续地整理企业内外部信息，并对企业的各项经营活动进行审查和识别，把握其中存在的税务风险，使识别税务风险的难度会大大降低，进而降低税务风险的破坏性。企业可根据自身具体情况构建经验数据库，使针对风险的识别实现动态性，从而更好地应对税务风险。

**二、税务风险评估程序**

"金税三期"系统设定了风险识别点，通过高风险预警，协助税务机关筛查。

现实中有一些现象值得注意：企业销售额增长较快，税负率反而下降；长期进项税额大于销项税额；购销对象较分散且变化频繁，往往大多只有单笔业务往来；经营活动中使用大量现金进行交易等。

企业一旦被"金税三期"系统认定为高风险，其信息将会被推送到主管税务机关，给企业带来税收稽查风险。

因此，纳税企业应高度重视并维护纳税信用及在"金税三期"管理下的信用评级，要关注上下游企业的经营情况，选择优质的客户及供应商合作，规范财税管理工作，避免数据被系统识别为高风险，引来税务稽查。除纳税企业自身外，专业服务机构也可协助企业评估税务风险，在稽查环节准备应对的相关材料，更好地应对税企争议。

许多企业进行税务风险评估时常常聘请专业的税务管理团队，这样会冒着一定的风险。市场中的税务风险评估单位水平参差不齐，企业在选择过程中也会受到各种因素的影响，导致税务风险评估的结果往往与预期存在很大差距。

要确定税务风险评估的时间范围。由于税务风险不断变化，为了保证税务评估结果的质量，需要令税务风险评估的时间与企业发展计划的时间处于同一范围内，从而达到控制税务风险的效果。税务风险的不确定性导致企业的税务风险控制难度增加，时间范围越大，税务风险发生的可能性就越大，企业面临的困难就越多，无论哪种情况对企业发展都是不利的。因此，企业应尽量控制税务评估的时间范围，以提高评估效率。

税务风险的评估还存在着空间范围。与时间范围一样，空间范围也需要得到充分的控制。涉税事项之间的关联性如果足够强，则可将其进行统一税务风险评估，既可以节省时间又可以提高效率。

税务风险之间的关系分析属于税务风险评估的内容，税务风险之间相互影响，进行评估时要进行集中统一管理。

### 企业税务风险识别与评估的方法

企业税务风险识别与评估的方法很多，需要我们在实际应用时合理选择。

按照所用指标的特性，可将企业税务风险识别与评估方法分为定性分析方法和定量分析方法。早期的风险识别主要采用定性分析方法；随着研究的深入，越来越倾向于采用定性与定量相结合、以定量分析为主的方法；近年来研究者多主张采用定性指标量化分析的方法。对风险的评估以定量分析方法为主，其具体算法越来越精确和复杂化。

按照识别与评估方法的作用或性质，可将企业税务风险识别与评估方法划分为技术方法（识别与评估技术）、组织方法（工作方法）两大类。早期的风险识别与评估研究主要关注技术方法，较少关注组织方法；后来随着企业界对管理效率的重视，逐步倾向于对技术方法和组织方法的同时关注和权衡重视。

## 识别与评估税务风险的几个视角

按照全面税务风险管理的要求，在企业税务风险管理中，至少要基于以下视角识别与评估税务风险：

1. 从税务风险因素的来源看，企业税务风险识别与评估的内容应当包括外部和内部两类。

外部税务风险识别与评估至少包括：识别与评估来自税收法规及其变化的税务风险；识别与评估来自税收征管的税务风险；识别与评估由本行业和本地区重大事件引发的税务风险；识别与评估由客户税务风险事件爆发所引发的税务风险。

内部税务风险识别与评估至少包括：根据不同业务环节的特点来识别和评估企业税务风险；通过分析财务指标来识别和评估企业税务风险；通过核查特殊业务来识别和评估企业税务风险；通过测试相关内部控制的有效性来识别和评估企业税务风险。

2. 从税务风险管理的要点来看，企业税务风险识别与评估的内容应当包括以下情况：

核心的内容是风险性质与种类、表现特征、危害概率、危害形式、危害程度、产生条件和爆发条件。其中，危害概率是指相关税务风险最终给企业带来危害的概率，其与各影响因素的关系为“税务风险危害概率 = 税务风险产生概率 × 税务风险事件爆发概率 × 税务风险产生和税务风险事件爆发造成损害的概率”。危害形式通常有财务损失（如承担了额外的税负、被罚款或缴纳滞纳金等）、名誉损失（如给人以逃避社会责任、不诚信、管理混乱等不良形象）、政策损失（丧失税收优惠政策适用权）、身份损失（如被取消一般纳税人资格等）、经营限制（如被暂停使用发票、被冻结或扣押重要资产等）、被迫人事变动（如相关负责人被判刑或被吊销重要资格证书等）、承受额外的管理压力（如被税务监管机关列为重点监控对象等）。

3. 从税务风险产生的环节来看，企业税务风险识别与评价划分为两个阶段。

业务规划和决策过程中的税务风险识别与评估。其作用一是为业务规划设计和决策以及设计税务风险管理预案提供分析信息和依据；二是为今后考核税务风险管理绩效、总结税务风险管理经验提供参考标准。

业务实施过程中的税务风险识别与评估。其作用主要是实施税务风险监控，即作为业务实施过程中的税务风险识别与评估是一项常态化的工作。

4. 从税务风险的性质和特征来看，企业税务风险识别与评价应包括环境风险、表现风险和实质性风险。

环境风险是指企业内部和外部不利环境因素导致表现风险和实质风险的可能性。表现风险是指表明企业很可能已存在某方面的实质性税务风险的财务表现和业务表现。实质风险是指企业某些业务、行为、安排或事项存在问题，如果不加以处理，必然导致企业爆发的税务风险事件，并可能给企业带来危害。

## 企业税务风险识别与评估指标的设计原则

任何活动都必须遵循一定的原则，企业税务风险管理也不例外。企业税务风险识别与评估指标的设计应当遵循以下基本原则：

1. 及时识别原则。越早识别和评估风险就越有利于控制风险，企业可能遭受的损失就会越小。如果企业能在税务风险产生前，将税务风险因素识别出来并加以正确评估，就可以对其实施事前控制，从而避免税务风险产生。在税务风险产生后，如果能在税务风险事件爆发之前及时将其识别出来并加以正确评估，就可能对其进行有效的事中控制，从而避免税务风险爆发给企业造成实际损失。如果税务风险是在税务风险事件爆发后才被识别和评估，则说明企业未能及时对其进行识别与评价，这时企业只能尽量挽救和弥补税务风险事件的影响、减少税务风险损失。

2. 针对性原则。不同行业、不同地区、不同企业面临的主要税务风险不尽相同；同一企业在不同生命周期阶段和不同时期、不同战略方案、不同生产经营决策、不同具体业务活动或业务方案、生产经营活动的不同环节、不同部门或岗位等的具体税务风险不同；在不同时间或地区，同一企业的同一业务行为可能导致的税务风险通常也不相同；不同的具体税务风险，其性质、表现、形成点和控制点对企业的影响方式和程度也都是不同的。

3. 全面系统原则。识别和评价企业税务风险，都应在对企业外部环境和内部条件、企业内部生产经营活动和外部联系以及企业各项业务活动进行通盘考察和考虑的基础上进行，做到全面识别和客观评价。同时，还要根据不同税务风险的不同表现形式，从不同的维度或视角综合进行识别和评价。

企业税务风险识别与评估指标的设计，应当能满足上述企业税务风险识别与评估的要求，体现全面系统性原则。

# 企业税收风险控制体系的搭建

## 梳理企业现有业务模块及相关流程与制度

企业税务风险的规避对企业的稳健发展和长期战略目标的实现具有重要意义。企业想真正做强做大，应根据自身情况建立适合本企业的税务风险控制机制。每家企业的税务风险控制机制都不尽相同，只有从自身情况出发建立的控制机制才能在企业发展中有效发挥作用。

当下，企业正处于金税时代，企业应搭建税收风险控制体系，设立相应的税收风险管理组织机构，明确岗位和职责，形成企业税务内部控制环境；建立税务风险控制及应对的机制和措施，完善税务信息管理体系和沟通机制；建立税务风险管理的监督和改进机制。

满足了上面这些条件，企业就可以进一步着手搭建税收风险控制体系。在这个过程中，不仅需要梳理现有的业务模块，还要对各业务模块涉及的流程与制度逐一梳理，找出各业务环节的涉税风险点，并制定相应的税收控制措施。

## 梳理内控体系的涉税风险点

梳理内控体系的涉税风险点是搭建税收风险控制体系最为重要的环节。只有找出企业现有内控体系的涉税风险点，了解和掌握企业所涉及的业务模块，在进行这部分工作时，应遵守全面性的原则，即不要有遗漏的业务模块，才能依据风险的类型、重要性程度等因素分析和制定相应的控制流程。梳理内控体系各业务环节的涉税风险点时，需要关注业务发起时点、业务开展各环节、业务完结及财务入账各细节，以达到全面识别风险的目的。

以制造业为例，其涵盖的业务模块一般包括采购、生产、销售、工资及福利、存货、资产、资金、投融资、期间费用、研究与开发支出、纳税申报、税收优惠等，部分企业可能也会涉及物流运输、进出口等模块，具体可根据企业的实际情况进行决定。对涉及的业务模块进行梳理后，企业要按照现行内部控制体系整理各业务模块的流程与制度，收集相关的部门职责及关键岗位职责，保证后续修订的风险控制措施可以有效落实到岗位。

### 明确业务部门的涉税职责

业务部门是企业具体实施税收风险控制体系的部门。针对各业务模块的主要风险，明确管理职责，落实管控要求，是保证税收风险控制体系最终落地的重要手段。

以采购业务为例，企业首先要明确与采购业务相关的各职能部门的涉税职责，可以依据采购业务的涉税风险点加以确定。

具体来说，采购部门的主要涉税职责是：组织对供应商进行调研、分析，收集供应商信息，建立并维护供应商数据库；组织对供应商进行比较、推荐、考察、评审和选择；物资采购计划的编制及管理工作；对采购物资的采购发票、收料单、价格通知单等资料进行整理和传递；付款资金计划的核对、审核工作等。

质量部门的主要涉税职责是：参与新供应商评审及合格供应商质量评定工作；负责采购物资的入库检验工作。

价格管理部门的主要涉税职责是：负责对各类外购物资进行核

价及管理。

仓储部门的主要涉税职责是：负责采购物资的收料等仓储管理工作。

生产部门的主要涉税职责是：负责业务范围内所采购物资的扫描收料工作；负责对业务范围内发生的物资申领和劳务等的原始单据进行审核和传递。

税务管理部门的主要涉税职责是：审核所签订采购合同的税务风险；审核采购业务中的纳税调整。

财务核算部门的主要涉税职责是：管理供应商的往来账户，办理与供应商的采购结算；核对供应商单位的往来账目等。

## 税收风险控制流程的制定与体系运行

### 一、制定税收风险控制流程

制定控制程序是实施风险控制的具体方式。企业识别出各业务模块的主要涉税风险后，要综合分析其影响程度和发生概率，对各风险业务进行排序，在综合成本效益的原则下，采取风险规避、风险降低、风险分担、风险承受等应对策略，制定可行性控制程序。

同时，要结合各业务模块的涉税职责，将控制程序落实到岗位，保证控制程序的有效运行。企业应针对梳理的主要涉税风险点，结合涉税部门的职责，逐一制定风险控制程序，将风险降低在管理层可接受的范围内，最终形成企业的涉税风险流程。

### 二、保证税收风险控制体系有效运行

企业税收风控体系要想有效运行，必须具备三个特征：管理规范、完善并持续更新；机构设置合理，人员能力匹配；总结与反馈机制健全有效。

企业产生税收风险主要源于企业内部，表现为老板不了解税法

相关知识、纳税意识不强、企业不重视税收风险、经营过程表现随意、企业对税务人员不重视等。

有效运行的税收风险控制体系是建立在有效运行的企业内部控制体系的基础上的。例如，企业是否能保证董事会与管理层的有效互动；企业是否与税收机关搭建起互通平台；高层管理人员对税务遵从协议的了解程度；税务管理部门是否能及时获取最新税收政策；税务管理人员能否有效识别各业务环节的税收风险；企业是否制定了税务管理人员的绩效评价办法等。所以，企业应将税收风控管理纳入企业整体的内控体系，实施全业务链的内部控制管理。

# 第十章
# 税务稽查与企业账务的调整

# 开展税务自查，及时规避账务中的纳税风险

## 税务自查，自己的情况要自己搞清楚

自查是企业查补自身纳税漏洞，避免承担行政责任和刑事责任的一道防线。

企业自查后的账务调整是企业纳税自查的最后一个环节，除申请退税、补交有关税款之外，还必须对自查中发现的错误账务进行调整。如果不进行账务调整，有可能会造成重复征税，使企业的合法权益受到侵害，而且会出现明补暗退、前补后退等问题，使国家税款流失。企业应积极开展自查，充分利用自查的机会梳理企业的税务事项，查补应纳税款。

开展自查，一个行之有效的方法是对照税务局布置的自查提纲逐项检查。但自查提纲的表述可能出现不明确的问题，因此企业在进行自查时要注意准确理解自查提纲列明的检查要点，防止因理解错误加大企业的涉税风险。为更加全面地保护企业的合法权益，企业在自查中不要局限于自查提纲列明的范围。对税务机关重点关注的检查要点和根据企业自身特点容易出现问题的方面都要重点检查，确保顺利通过税务检查。

一般来讲，税务自查主要做好以下三件事情：

1. 定期自查企业税务和财务。只有定期自查企业税务，企业方可提前发现自身面临的税务问题，从而将税务风险控制在萌芽状况。包括自查收入、费用支出情况；自查人员学历、工资保险

支付情况；自查相关单据的真实性和合法性；相关税收优惠的利用程度自查。

2. 在年度结账前自查公司税务。可以在年度结账前针对检查发现的问题进行账务调整，该流程对企业所得税的影响较为深远。从实践来看，由于未执行年度结账前税务检查程序，导致多缴税的案例屡见不鲜。企业在年度结账前，应对本企业本年度发生的各种费用进行重点检查，核对归集的费用有没有超过税法规定的范围和税前扣除指标，如果存在超过税法规定的扣除指标，可另想办法进行规避；核对符合税法规定的扣除费用是否满足费用归集的相应要求；自查税前扣除的发票规范性和真实性及企业各类高薪收入的划分是否正确；等等。

3. 税务机关通知自查时做好自查工作。通常情况下，税务机关在税务检查前也会要求企业进行自查。在税务机关通知自查时，企业不仅要按照税务机关的要求自查企业涉税事项，更要做好与税务机关的沟通协调，力争取得税务机关对自查结果的认可。在税务机关通知自查的情况下，企业应当给予足够的认识，避免涉税风险扩大化。

企业在税务自查时要注意，要详细对照各种税收法律和条例，将每一个经营项目涉及的税种逐个进行排列；对照适用税收法律和条例的税率，尽可能准确计算应纳税额，并按税法和条例规定按时申报，及时清缴入库。财务人员要努力学习税法和条例，注意容易疏漏的环节，比如印花税轻税重罚，折旧年限及摊销年限在税法和条例上是如何规定的，等等；若遇特殊税务问题，最好能及时与税务机关沟通，确保税法和条例得到认真执行。要认真整理涉税资料，自觉接受税务机关的检查。税务机关对企业纳税情况进行的检查，是正常的执法行为，是不付咨询费的极好咨询机会。作为被检查单位，积极支持和配合检查是企业应履行的义务。企业要抓好会计凭证、会计账簿、会计报表、申报纳税资料的整理、装订、标识、保管等基础工作，它们是税务检查人员的主要检查内容。企业在日常工作中也要重视抓好以上工作。

### 建设税务管理自查体系

企业在发展过程中，常常会出现税务风险等问题。因此，在优化企业税务管理的过程中，要建设和完善企业税务管理自查体系，将风险扼杀在摇篮里，提高企业税务管理的效率与安全性。企业可以制定一套较为完善的自查制度，定期对税务管理进行检查，以便及时发现问题。对自身运营过程中的税费支出情况进行分析与对比，设立符合自身发展情况的税负率。这样就能将税务风险尽量扼杀在摇篮里，保护企业的切实利益。同时，要提高企业税务风险管理水平，企业税务管理人员不仅要增强对税务风险管理的认识、充分利用信息技术、建设税务管理自查体系，还应学习税务风险管理的理论并关注相关的政策。只有这样，才能增强企业的税务管理水平，进而增强企业的软实力，巩固企业的竞争地位，实现企业的可持续发展。

### 账务调整的处理

纳税自查中查出来的大量错漏税问题，多数情况是因为会计处理错误造成的，一般都反映在会计账簿、会计凭证和会计核算资料上，在查补纠正过程中必然涉及收入、成本、费用、利润和税金的调整问题。

对于因会计制度及相关准则就有关收益、费用或损失的确认、计量标准与税法规定的差异，其处理原则为：企业在会计核算时，应当按照会计制度及相关准则的规定，对各项会计要素进行确认、计量、记录和报告；按照会计制度及相关准则规定的确认、计量标准与税法不一致的，不得调整会计账簿记录和会计报表相关项目的金额。企业在计算当期“应交所得税”时，应在按照会计制度及相关准则计算的利润总额的基础上，加上（或减去）会计制度及相关准则与税法规定就某项收益、费用或损失确认和计量等的差异后，调整为应纳税所得额，并据以计算当期“应交所得税”。

根据纳税调整是否与账务调整相关联，可以将纳税调整业务分为两种情况：

1. 不需调账，只对应纳税所得额作纳税调整。也就是仅在年度汇算表上进行调整，与账无关。这种做法是指会计记账科目使用正确，登记数字也无错误，只是按照税法规定需要进行纳税调整的事项。这类业务在进行纳税调整时，不涉及账务调整，只要符合会计制度的规定就是正确的，如罚款支出、滞纳金支出应在“营业外支出”列支，无论税法怎样规定，会计上均不存在账务调整的问题。

2. 需要调账，即纳税调整与调账同时并存，在进行纳税调整的同时，必须进行会计账务调整。由于在做纳税调整之前，会计记录产生了一定的错误：或是会计科目运用不当，或是账户记录数字有误，通过税务检查或纳税自查等发现了。这会使会计利润可能不正确，并可能造成少缴税款。在处理这类事项时，应先做账务调整，然后再进行正常的纳税调整。

税务检查或纳税自查账务调整要能反映原错漏的来龙去脉，调账分录要正确、分明，严格体现国家税收政策，有利于加强企业财务管理。其基本要求是：

1. 会计处理的调整要与现行财务会计制度相一致，要与税法的有关会计核算相一致。

2. 会计处理的调整要与会计原理相符合。调整错账，需要做出新的账务处理来纠正原错账，所以新的会计处理业务必须符合会计原理和核算程序，反映错账的来龙去脉，清晰表达调整的思路；做到核算准确，数字可靠，正确反映企业的财务状况和生产经营情况，并使会计期间的上下期保持连续性和整体性；坚持平行调整，在调整总账的同时调整其所属的明细账。

3. 调整错账的方法应从实际出发，简便易行。既要做到账实一致，反映查账的结果，又要坚持从简账务调整方法的运用，能补充调整就不要冲销调整，尽量做到从简适宜。

## 企业税务自查后的税务管理

企业税务自查后如何提升税务管理？这就要求深刻认识管理中的不足，针对性做出改善提升。企业老板应该从每次自查及重点稽查中认识到容易疏忽大意的薄弱环节，通过分析问题产生的原因，寻求税务管理的提升。

企业税务自查存在的主要常见问题有：一是税收政策学习不到位，如将自产货物用于非增值税应税项目或集体福利；已计提未实际支付费用未做纳税调整；计提未实际支付的利息在当年所得税汇算时，未调整或当年已调整但次年实际支付后未及时调减；部分未在福利费科目列支的属于福利性支出的费用，未纳入福利费计算调整企业所得税等。二是优惠政策使用不到位，忽视备案工作。三是基础管理工作不到位，这很容易带来一定的税收问题。四是个人所得税代扣不全面，出现个人所得税应纳税所得额计缴范围不全情况。

针对这些问题，企业老板应提升管理，做好以下几个方面的工作：

**一、规范基础工作管理，发挥共享标准化功能**

借助财务共享标准化平台，全面规范税务账务处理要求，杜绝因基础工作管理不到位带来的税收风险；发挥共享职能对当月计入其他业务收入、营业外收入、投资收益的科目的各种收入进行清理，以确保无漏提税款；统一规范各单位土地使用税和房产税计税依据要求，对土地、房产变化可要求资产管理部门确认等，可保证计税依据充分对照印花税税目表将日常生产经营过程中的常见事项对应计缴印花税。

**二、做好备案工作，重视企业所得税调整管理**

严格按税收政策做好备案工作。企业应全面熟悉应备案工作事项，在事项发生时按要求及时做好备案工作。要重视企业所得税调整工作的管理。企业所得税是最复杂，涉及的税法规定最多，老板对相应的税法规定不能做到全面的了解，但应熟知企业所得税调整事项中的常规事项，如业务招待费、罚款滞纳金、赞助支出、职工福利费、资产减值损失等的调整口径；对其他非常规的调整事项应做好调整明细表。

**三、回归基础工作，重视税收档案管理**

税款计算缴纳的基础资料均应归档保存，以确保各项税收计缴的准确性及延续性，杜绝因人事变动而导致的涉税风险。会计人员在工作交接时，不能忽视税务管理资料的交接。

**四、充分使用信息化手段，跟踪税务管理过程**

充分利用财务信息化平台，根据实际管理需要，可将各税种管理台账纳入信息化存档跟踪管理，保证纳税调整、账表时间性差异的滚动核对。应积极研究建立税务风险预警平台，与账务核算实现接口，通过录入核定规则，统一规范税收管控，防控税务风险的发生。

**五、引入税务咨询，及时了解税收新政策**

税法变化的初期，若财务部门对其学习了解常不够深入，在实际工作中就会产生处理误差，老板可通过引入税务咨询，借助专业力量及时了解税收新政策。另外，部分税收政策的明确是通过单行文形式体现的，企业很难及时关注，导致部分财务人员对此了解程度不够。

**六、相关部门协调配合，确保准确执行税法**

相关部门的协调配合及信息传递非常重要。资产管理部门应及时传递土地、房产的相关增减变化信息，方能使财务准确计算应交房产税及土地使用税，无漏缴多缴事项；合同管理部门应定期传递企业的合同订立情况，方能让财务部门及时准确地计算缴纳印花税；人事劳资部门应及时提供每月人员薪酬发放情况、人员构成变化、各项保险缴纳情况等信息，以准确计算应缴纳的个人所得税，并及时享受如残疾人工资加计扣除等税收优惠政策；设备采购部门应事前与财务部门进行沟通，将节能、环保设备的采购工作与享受税收优惠政策相结合，在满足经营需要的前提下，使企业充分享受税收优惠政策，降低纳税成本。

合理、合法降低税负是税务管理的最终目标，但日常税务的细节管理工作不可忽视，细节管理是否到位决定了税收风险的大小。企业老板要从严要求，化解可能产生的税收风险。

## 企业自查处理与防范

企业自查结束后，如果自查需要补税，应及时与税务机关沟通，办理补税申报，及时将自查税款及滞纳金补缴入库；需要退税的，向税务机关申请退税，税务机关一般按规定工作流程及时为企业办理多缴税款退税。

企业应了解税收政策变化，接受税务机关检查和指导，将企业税收风险及时化解，避免积重难返，有时利用税务机关检查来维护企业的合法权益。

### 一、企业涉税风险防范

所有的企业都存在涉税风险，只不过大小多少而已，其中一部分存在逃避纳税风险，一部分存在多缴税款风险，税收风险被称为企业老板“甩不掉的阴影”“定时炸弹”。

企业建立涉税风险防控体系过程如下，业务开展、制定控制办法、进行信息沟通、进行监督改进、进行效果检验。

## 二、企业涉税预算的编制

企业涉税预算的重要性在于：在企业各项支出中，税金支出占比重很大，仅次于成本、费用，是影响老板决策的重要因素。

企业涉税预算是编制全面预算的重要组成部分，是编制现金预算的基础，为企业领导科学决策提供依据，为企业进行资本运营提供依据，为企业进行税收筹划提供依据，能够控制企业的检查风险。为了更好防范企业的涉税风险，应结合企业的业务过程和各种定额指标、现行税收政策编制涉税预算。

企业全面的涉税预算是根据企业业务全过程涉及各项税收编制、企业税收负担的专门预算。企业应结合实际，编制行之有效的涉税预算，这不仅是涉税风险控制的基础，也是进行纳税筹划的前提。

# 税务稽查与企业的应对

## 税务检查

税务检查是税务管理机关依照税收法律、行政法规的规定，对纳税人、扣缴义务人履行纳税义务或者扣缴义务及其他有关税务事项进行审查、核实、监督活动的总称。它是税收征收管理工作的一项重要内容，是确保国家财政收入和税收法律法规贯彻落实的重要手段。税务稽查是税务检查的一种，指税务稽查机构的专业检查。

税务检查的形式与方法有多种：

1. 检查纳税人的账簿、记账凭证、报表和有关资料；检查扣缴义务人代扣代缴、代收代缴税款账簿、记账凭证和有关资料。

2. 到纳税人的生产、经营场所和货物存放地检查纳税人应纳税的商品、货物或者其他财产；检查扣缴义务人与代扣代缴、代收代缴税款有关的经营情况。

3. 责成纳税人、扣缴义务人提供与纳税或者代扣代缴、代收代缴税款有关的文件、证明材料和有关资料。

4. 询问纳税人、扣缴义务人与纳税或者代扣代缴、代收代缴税款有关的问题和情况。

5. 到车站、码头、机场、邮政企业及其分支机构检查纳税人托运、邮寄应纳税商品、货物或者其他财产的有关单据、凭证和有关资料。

6. 经县以上税务局（分局）局长批准，凭全国统一格式的检查存款账户许可证明，查核从事生产、经营的纳税人、扣缴义务人在银行或者其他金融机构的存款账户；税务机关在调查税收违法案件时，经设区的市、自治州以上税务局（分局）局长批准，可以查询案件涉嫌人员的储蓄存款，税务机关查询所获得的资料，不得用于税收以外的用途。

税务检查时，被检查的纳税人、扣缴义务人及其他当事人应如实反映情况，提供资料，不得拒绝、隐瞒。

企业要注意，税务稽查与税务检查有本质区别，如表10-1所示。

**表10-1　税务稽查与税务检查的区别**

| | 税务检查 | 税务稽查 |
|---|---|---|
| 执法主体 | 《中华人民共和国税收征收管理办法》规定税务检查的执行主体可以是稽查局，也可以是税务机关 | 按照《中华人民共和国税收征管法实施细则》的规定，税务稽查的主体是省以下税务局的稽查局 |
| 执法对象 | 税务检查的对象主要是在税收征管活动中有特定义务或需要、在某一环节出现问题的纳税人、扣缴义务人，既有检查性质，又有调查和审查性质，以便及时发现和防止重大、特大案件的发生 | 《中华人民共和国税收征管法实施细则》规定，稽查局专司偷税、逃避、追缴欠税、骗税和抗税案件的查处 |
| 执法案源 | 税务检查的案件来源主要有税收征管各环节中对纳税人情况的审查，如对停歇业纳税人进行的调查核实 | 税务稽查的案件来源主要是计算机选案、公民举报、有关部门转办、上级交办和情报交换确定的案件 |
| 执法程序 | 税务检查可根据税收征管的实际需要，随时检查，方式灵活多样，程序较简单，不一定按照这四个环节进行，只要是合法、有效的税收执法就行 | 税务稽查专业性强，要求高，国家税务总局制定了《税务稽查工作规程》规范税务稽查的程序，即必须按选案、检查、审理和执行四个环节进行 |
| 执法权限 | 在税务检查过程中，企业需要提供记账凭证、账簿、会计报表、代扣代缴和代收代缴税款账簿等相关资料，配合税务检查人员的工作 | 稽查局对纳税人未按规定办理税务登记、设置账簿及安装税控装置等其他违法行为没有处罚权，只能由赋予处罚权限的税务局、税务分局和税务所进行处罚 |

在税务检查过程中，企业需要提供记账凭证、账簿、会计报表、

代扣代缴和代收代缴税款账簿等相关资料，配合税务检查人员的工作。

查税往往从查票开始，企业税务源于各种经济业务发生后开具的发票或收据，因此税务机关在对企业进行税务检查时，首先会检查各种票据的真实性，包括票据本身的真伪和票据记载经济业务的真伪。而在对发票所反映业务是否真实的判定中，检查人员通过查阅相关合同、协议，查找资金流向和货物流向，相应地到被查企业的对方单位进行核实。

### 税务稽查和应对的流程和方法

税务稽查工作是税收征管体系的最后一道屏障，配合税务机关做好税务稽查工作是纳税人应尽的责任。

企业老板应积极有效地应对税务稽查，争取达到如下几个目的：尽量争取减少涉案税款；尽量争取减少涉案罚款；尽量争取减少涉案滞纳金；争取避免被追究刑事责任；减少对正常生产经营的不良影响；避免其他不必要的经济损失。

税务稽查的具体内容有：稽查纳税人各种营业收入的核算与申报；各种成本费用项目的列支、转销及申报情况；其他各种应税业务的核算及申报情况；纳税人收取或者支付价款、费用的定价情况；适用税率、减免税、出口退（税）申报情况；应纳税款的计算、申报与缴纳情况；纳税人、扣缴义务人对税务管理规定的执行情况。

企业受到税务稽查并产生税务稽查风险既有内因也有外因。企业自身没有依法履行纳税义务或者代扣代缴义务的行为，是产生税务稽查风险的根本原因，是内因。依法展开税务稽查只是产生税务稽查风险的外因。

企业老板在临近税务稽查时，如何应对税务稽查？

**一、要了解企业是否存在问题，问题有多严重**

心里有底才能知道如何跟税务稽查打交道。企业可以进行自我检测，例如，是否认真测算过公司主要税种的税负率？是否了解从事行业的相关税收优惠政策？是否考虑过签订相关经济合同对纳税的影响？租赁、融资、购房或投资时，是否考虑过纳税的事项？是否能在30日内学习掌握新颁布的税收政策法规？是否了解税务局的评估、约谈或稽查的意图？是否聘请过财税专家定期进行财税风险的诊断？等等。

**二、法律形式要合规**

稽查不同于自查，税务部门只要做出处理决定，一定会有一系列证据支撑，因此，企业在法律形式上的合规可以规避很多风险，在以后检查定性时也会比较有利。关联交易可找中介机构进行纳税风险评估。

**三、态度上要配合**

当税务机关和纳税人就进行稽查之事联络以后，有好多纳税人就惊慌失措地说："税务稽查要来了！"其实，税务稽查多为年度性或季度性巡回检查，是一种常规检查，并没有明确针对性。由群众举报或者因发现问题而进行的有针对性的稽查只是极少数。所以，即使税务稽查要来检查，也不必有什么特殊的准备或举动。税务稽查人员到来后，应积极配合税务检查工作，如提供所需的会计账簿、资料，回答稽查人员所提问题，带领稽查人员到生产经营现场，态度应该不卑不亢、从容不迫、实事求是。

**四、陈述申辩时不卑不亢**

面对税务稽查不能采用对抗的心态，但也无须唯唯诺诺、低三下四，该争取的权利一定要争取，有特殊原因也可以直接说明，在税务稽查自由裁量范围内的可以讨价还价。在金额方面一般回旋的空间不大，但是很多问题在定性方面是可以商榷的，比如是否定性为偷税，至少相差50%的罚款。

## 五、相互尊重

企业尊重税务人员，也是给自己一份尊严，在办事的时候尽量说话和气，态度诚恳；按时提交申报表和要求的其他资料，配合好他们的工作才是搞好双方关系的基石。

## 六、以探讨业务的态度据理力争

在与检查人员沟通的过程中，切忌产生恐惧心理，不敢提出不同意见。可以以探讨的态度提出公司的主张和理由，柔和地处理税企争议。

检查过后的处理是要经过审理的。税务审理部门会对证据链条、适用法条一一审核，一般不会出现大的问题。企业除非有确凿证据，一定要谨慎使用复议和起诉，尽量把问题解决在处理决定前。

## 七、尽量避免核定纳税

这种纳税方法适用于账簿上虽有记录，可是收、支不明确，不能正确地反映经营业绩，或者连账簿都没有的情况，因而由税务机关根据核定来实施纳税。对纳税者来说，采用核定纳税往往会造成损失，纳税人可能连不该缴纳的税金也被收缴了。这种推算纳税，也适用于在税务稽查时纳税者不予协作的情况下。

## 八、税务稽查人员突然到来的迎接方式

如果税务稽查人员突然来检查，应该让他们说明检查的理由。在有用现金交易的情况下，对于税务稽查的突然到来，一般来说不能阻止。税务人员突然来检查，多半是已经掌握了企业的逃税证据。但按现行的税法来说，也不是无条件服从的。在常规检查的情况下，若没有企业代表的同意，检查就不可能进行，如果企业想不出可以接受检查的理由，也可以拒绝检查。

## 企业接受税务稽查的预防

### 一、税务稽查的重点行业与企业

税务稽查的重点行业与企业有小微企业、外企企业、旅游业、建筑业、房地产业、生活服务业、制造业。

### 二、税务稽查的重点税种和检查对象

未按规定开具发票的企业，包括销售货物、劳务、服务、无形资产或不动产，以各种理由拒绝开票的企业；违反规定要求购买方额外提供证件、证明等导致开票难的企业；存在随意变更品名等错开票行为的企业；开具增值税电子普通发票，对购买方当场索取纸质普通发票，未按规定提供的企业。

### 三、虚开发票和接受虚开发票的企业是重点检查对象

包括代开发票规模异常企业，即“营改增”后代开发票金额超过一定金额的企业，特别是明显超过“营改增”前经营规模的企业；自开发票金额异常企业，即原地税长期零申报或非正常企业，“营改增”后销售额变动异常，在短期内金额巨大；接受代开发票金额异常企业，即接受代开发票规模超过一定标准的企业；代开“劳务派遣费”金额巨大，并超过增值税一般纳税人标准的大学、人才服务公司、投资公司、各类技术服务部等；收入成本配比异常的房地产企业，即成本占收入的比重超同行业同类比重较多的企业；住宿餐饮比例明显超同期或入住率明显异常的酒店（饭店）；接受发票金额异常的保险企业。

国税与地税合并后，税务稽查力度大大加强，企业面临更大的压力。因此，企业做好以下工作有助于降低税务稽查风险：有针对性地进行书面分析说明，必须考虑得更加周全；对于同一业务，提供给不同税务机关的资料必须一致；对于稽查过程缓慢、迟迟不肯结案的情况要有足够的耐心；需要考虑如何向税务机关提供解释，同一业务应该有相同的解释，并且不能与外部机构的建议相冲突；测算补税成本必须考虑增值税、企业所得税、个人所得税等主要品

种的协调；重视日常业务法律文件、商业单据和处理。

## 企业对税务稽查中的账务调整

税务稽查中发现的涉税问题，多数是由纳税人账务处理不当引起的。企业在接到税务机关的税务稽查报告后，除了要接受相应的处罚事项，办理补税、缴纳罚款手续外，还要及时跟进，将涉税账务调整过来，使其恢复到正确的轨道上。

企业在进行涉税账务调整时，需遵循以下几条规则：

1. 涉税账务调整需符合现行财税法规的相关规定。也就是说，企业在涉税账务调整中所做的各项成本、费用的列支、收入的实现，必须按照会计制度、财务制度及税收法规的相关规定进行核算。

2. 涉税账务调整要符合基本的会计原理。纳税人在日常核算中要按照其基本原理进行，在做出新的财务处理时也必须符合基本的会计核算原理，以使账户之间的勾稽关系得到正确反映，保持上下期之间核算的连续、完整性，确保账务调整的科学性、正确性。

3. 涉税账务调整要从实际出发，讲求实效。税务机关在税务稽查中发现的企业纳税问题，可能会涉及不同时期、不同类型、不同性质的账簿错误。因此，纳税人在调账中要从实际问题出发，讲求实效。不同时间、不同性质的涉税问题，其调账的具体方法及繁简程度也不尽相同。具体是采取直接调账法，还是在经计算分摊后进行调账；是只做一笔会计分录，还是需要做几笔会计分录，都要具体问题具体分析，使涉税账务调整更具针对性、更行之有效。

4. 以前年度影响损益项目的调账处理。税务机关在年度中间的稽查中，发现纳税人以前年度会计事项影响损益的调整，涉及补退所得税的，应对以前年度的利润总额（或亏损总额）进行调整，通过“以前年度损益调整”科目进行账务处理。纳税人对上年度的消耗性费用开支应就其应补退的所得税数额做“以前年度损益调整”，且这类费用不可在相关科目中调整冲转。

一般情况下，企业的应缴税费包括应该依法缴纳的增值税、消费税、所得税、资源税、土地增值税、城市维护建设税、房产税、土地使用税、车船税、教育费附加、矿产资源补偿费等税费，此外，还包括那些在上缴国家之前由企业代收代缴的个人所得税等。

### 税务稽查风险分析

涉税风险是税务责任的一种不确定性，即纳税人在对纳税采取各种应对行为时可能涉及的风险，也就是纳税人因未能正确、有效地遵守税收法规而导致未来利益的可能损失，如企业被税务机关检查后，需承担补税、罚款的责任。

涉税风险有：多缴税款，如时间性差异调整、增值税进项税额抵扣、差额纳税等；多报缴税款，如企业所得税、土地增值税等；多申报缴纳税款，如小税种漏申报等；不申报税款，如视同销售等；少扣缴税款，如个人所得税等；税收优惠政策，如新办企业未考虑能享受的税收优惠政策等；税务机关的执法过错导致的损失。

稽查处罚的主要依据有：《中华人民共和国税收征收管理法》第六十三条有关偷税的处理、第六十四条有关不申报和变造虚假计税依据的处理、第六十八条有关其他违法违规行为的处理、第六十九条有关未执行扣缴税款的处理、第七十条有关不配合税务检查的处理，以及《发票管理办法》第三十六条、第三十九条有关违反发票管理规定的处理。

控制税务稽查风险的常见措施有：重视税务风险、加强涉税管理；设立专门机构；提高专业能力和掌握应对技巧；选择有利的税务环境；正确处理好与社会的关系；加强与专业税务服务机构的合作等。